不安の9割は解消できます

大切な人が認知症になったら最初に読む本

山村基毅

〈はじめに〉

5人に1人が認知症になる時代

2023年、日本の高齢者（65歳以上）人口は3623万人となり、全人口の29・1％を占めています。80歳以上は1259万人で、ほぼ10人に1人です。

そして認知症患者は、2012年には約460万人、高齢者の15％だったのですが、2020年には602万人となり、推計では2025年に高齢者の20％、つまり5人に1人が認知症になるとされています。

私の義理の父は、アルツハイマー型認知症を患い、亡くなりました。ちょうど「認知症」という言葉ができたころで、「痴呆」や「ボケ」という言われ方もまだありました。

私は病気にうすうす気づいていましたが、はじめは楽観的に考えてしまいました。発症とともに本人は悩み苦しみ、家族の負担も年月を重ねるたびに大きくなりました。症状が進むとつきっきりで世話をすることになり、毎日があわただしく過ぎていったのです。

当時にくらべると、認知症患者へのケアは手厚くなり、家族の負担も軽減してはいます。ただ、突然やってくる認知症を前に狼狽してしまうのは、今も変わりありません。家族が認知症になったとき、冷静に対応していくには、どうすればいいのか……。

本書では、私の経験はもちろん、その後の取材によって知り得た情報をまとめました。何が起こり、どう対応するのかがわかれば、迷い悩むことはありません。患者本人はもちろん、家族やあなた自身の生活を守るために、ぜひお役立てください。

山村基毅

備えよう！

家族が認知症になると、こんなことが起こる

認知症の人と向き合うとき、介護を考えるときに心得ておきたいことを紹介します。

同じ話を何度も……

ふざけている・からかっているのかと思っていたら、認知症の代表的な症状でした。

←22
ページへ

徘徊、暴言、暴力

急にいなくなったり、怒鳴りはじめたり。これまでの行動や人格ではなくなります。

←78
ページへ

家族間に温度差が

同居の息子と遠くで暮らす娘では、負担が大ちがい。協力しないとイライラがつのります。

←92
ページへ

介護サービスが複雑

そもそも、要介護認定の手続きはどこでやるの？　調べることからはじまります。

←96
ページへ

お金の管理がたいへん

認知症になった人は、いずれお金の管理ができなくなります。どんな準備が必要？

←64、130
ページへ

あわてず対応していくために、
本書を使って準備しましょう！

もくじ

PART 1
大切な人が認知症かもしれないと思ったら

PART 2

パニックにならないため、まず手をつけること

PART 3

認知症患者との向き合い方

PART

4 介護生活の進め方

PART 5 進行にともなうシフトチェンジ

認知症の進行と不安

認知症の症状は発症してから次第に進行していきます。本人の心理状態の変化を、時期ごとに見てみましょう。

発症期（初発期）

もの忘れが増える。カギのかけ忘れや置き忘れなどが起こる。同じ話を何度もする。

衰えを実感し、不安や焦燥にかられる。

初期

物を取られたと妄想したり、続けていた趣味や日課をやめるなど、記憶障害が進む。時間→場所→人の順に少しずつわからなくなる（見当識障害）。

周囲への怒りを感じたり、気分の浮き沈みが増える。

不安感

末期

家族の顔がわからなくなる。笑わなくなるなど表情が失われ、会話ができず、寝たきりになる。

感情の変化が弱くなる。

中期

徘徊や妄想が増える。入浴や排泄、着替えなどがひとりでできなくなる。

意欲が失われていき、無気力・無関心になる。

症状の進行

症状の進行と不安感の高まる時期のずれ
認知症が進行するにつれ、できていたことができなくなっていきます。最初は不安を募らせてイライラしますが、中期以降はあきらめや絶望を感じ、感情の起伏はゆるやかになります。

認知症は4種類

一度かかると完治しないといわれる認知症は、大きく4つに分かれます。それぞれの特徴と症状を紹介します。

① アルツハイマー型認知症

認知症とは、「認知機能」になんらかの障害が生まれ、日常生活に支障をきたす状態です。その原因は複数ありますが、おもに65歳以上になると発症するリスクが高まるといわれています。かつて痴呆症と呼ばれていましたが、この言葉を恥ずかしいものとしてとらえる人が診断や検査をためらって発見が遅れることがあり、名称が変わりました。

なかでも、アルツハイマー型認知症は、認知症の3分の2を占めます。原因ははっきりしていませんが、アミロイドβというタンパク質が蓄積して神経細胞を壊し、脳が萎縮する

認知症の割合

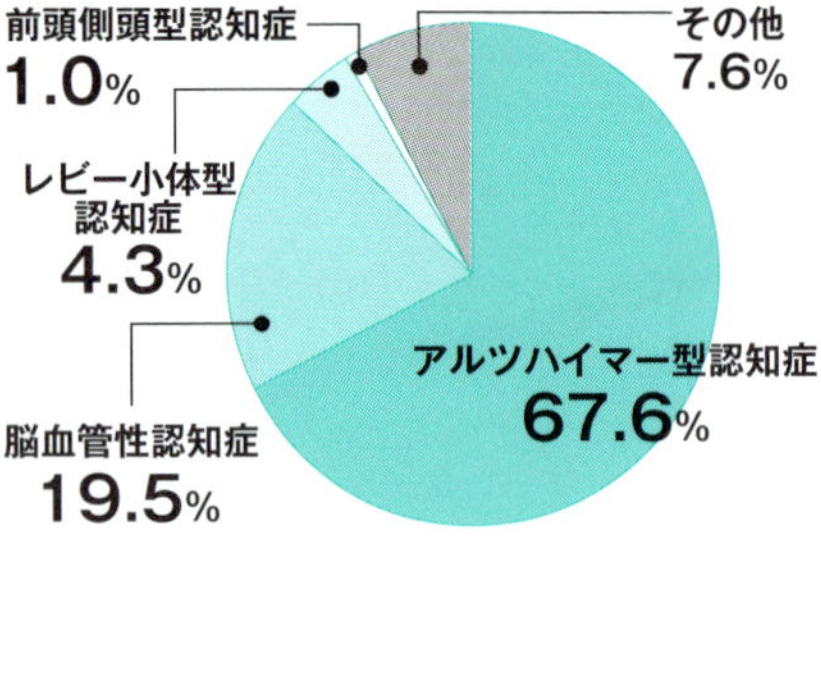

認知症の約７割はアルツハイマー型で、残りの２割が脳血管型認知症です。レビー小体型認知症や前頭側頭型認知症は数％です。アルツハイマーとレビーは、発見者の名前に由来しています。

と指摘されています。

アルツハイマー型認知症の初期症状は、もの忘れなどの記憶障害にはじまり、進行すると言葉が出てこなくなったり、時間や場所がわからなくなったりします。うつ状態になるケースのほか、ひとりで歩き回るようになって徘徊することもあります。

一方で、突然イライラしはじめたり、興奮したりして、暴力行為におよぶケースもあります。

アルツハイマー型認知症を完治させる治療法は確立されておらず、おもに薬物療法や認知機能のリハビリなどで、進行を食い止めることになります。そのためには、早期発見と早期の治療開始が重要で、家族はその間に準備や今後の方針を考える期間を確保する必要があります。

② 血管性認知症

アルツハイマー型認知症と同様に、もの忘れの初期症状が出ることもある血管性認知症。「血管」とは、脳の血管です。脳卒中（脳出血や脳梗塞など）により神経細胞が圧迫されたり、血流が悪くなったりすることで脳の一部の機能が失われて発症します。手足のしびれやまひ、呂律が回らなくなるなどの言語障害が起こることもあります。

損傷した脳の部位によって症状は異なり、人によってさまざまです。ダメージを受けていない部位は健全であるため、できることとできないことの差が大きく、「まだら認知症」とも呼ばれます。

進行を予防するには、脳卒中の再発を防ぐことが大切です。軽い脳卒中をくり返すと、症状が突然悪化することもあります。

3 レビー小体型認知症

「レビー小体」とは、かんたんにいえばタンパク質のかたまりです。これが、大脳皮質（大脳の表面にある神経組織）の細胞を壊すことで起こります。75歳以上になると発症しやすくなるといわれており、患者は「虫がいる」「知らない人がいる」などの幻視に悩まされることもあります。

4 前頭側頭型認知症

前頭側頭型認知症は、認知症全体の1％程度とまれなケースです。この患者は、前頭葉や側頭葉の神経細胞が減少したり、脳が萎縮したりしています。40～60代で発症することが多く、遺伝も原因のひとつといわれています。おもな症状は、記憶力の低下や言語能力の低下などです。

病気を知れば進行がゆるやかに

認知症患者は、周囲との意思の疎通が少しずつできなくなり、同時に体力も低下していきます。やがては終末期を迎えますが、家族の力で進行を遅らせられるケースもあります。

まず知っておきたいのは、認知症になった本人が、もっとも大きな不安を感じているということです。まるで自分の心が壊れていくような気持ちになったり、周囲から白い目で見られるのではないかと、被害妄想に陥ったりします。このことが進行を早める要因となりえます。

認知症は「何も理解できなくなる病気」ではありません。今では、周囲が寄り添うことで不安を和らげ、進行をゆるやかにできることもわかっています。

大切な人のために、認知症へ理解を深めていきましょう。

PART 1

大切な人が認知症かもしれないと思ったら

心構え

「家族が認知症」を隠さず、まずは事実を受け入れる

見て見ぬふりをすると対応が遅れる

「母がメガネや財布を置いた場所をすぐ忘れて、いつも探し回っている」

「お父さんに同じことばかり何度も聞かれるのでそれを指摘したら、怒り出した」

こういうことがあっても、家族は「昔から忘れっぽいものね」「そういう性格だもんね」と流してしまいがちです。身近にいる人にとっては、日常の一幕かもしれません。

こうした現象は歳を重ねるとよくあることですが、認知症の初期症状の可能性もあります。身近な人が軽く考えてしまうと、対応の遅れにつながります。**おかしいと感じたら、検査を受けることを考えましょう。**

「ちょっとヘンだな」と薄々感じていても、「いや大丈夫だ」と思いたくなる心理が働い

必死になって何かを探している様子が頻繁に見られる場合は、認知症の症状かもしれません。

たり、配偶者に「お義父さん（お義母さん）、最近もの忘れが激しくない？」と言われても、実の親のことになると反射的に否定してしまったり、その話題を避けたりするケースがあります。

日本は「65歳以上の5・4人にひとりが認知症」です。同じ悩みを抱える人はたくさんいますし、恥ずかしいことでもなく、隠しておく必要もありません。

介護・医療制度は整備され、家族のケアも準備されています。早めに気づいて診療を受けることが、認知症の進行を遅らせる最善の手段です。

悲観しすぎることなく、**まずは事実を受け入れましょう。**

基礎知識

もの忘れと認知症のちがいと見分け方

もの忘れは加齢の影響・認知症は機能障害

高齢の両親が「最近、もの忘れがちょっと激しくて」とぼやくことがあります。メガネをなくしたと思ったら頭にのせていた、知人の名前が出てこなくて恥ずかしかった……。一度や二度なら笑ってすませられますが、頻繁に起こると、本人だけでなく家族も「もしかして、認知症かも」と不安になります。では、単なるもの忘れと認知症はどうちがうのでしょうか。

年齢を重ねるにつれて、脳に記憶されるデータがどんどん増えていきます。パソコンのハードディスクと同じように脳のデータ容量には限界が存在し、情報がいっぱいになると、思い出すスピードも遅くなります。年齢によるもの忘れは、これが原因で起こります。

一方の認知症は、容量の限界が原因ではありません。**ある種のタンパク質の蓄積によって脳が萎縮する病気で、悪化することはあっても改善することはありません。**

わかりやすい見分け方

もの忘れと認知症を見分けるための質問を、下の図にまとめました。

要するに、体験した記憶そのものがない状態なら、認知症の疑いがあります。

これに加えて認知症の特徴としては、新しい記憶ができないことや、日常生活レベルでわからないことが発生すること、そして**本人に忘れている自覚がない**ことが挙げられます。

もの忘れor認知症の疑い

①知人や有名人の名前が思い出せないとき

もの忘れ 会話の中で共通の知り合いだろうと思える人の顔はわかるが、名前だけが出てこない。

認知症 顔も名前もまったく想像ができない。

②前日の夕飯のメニューが思い出せないとき

もの忘れ 何を食べたかを思い出せない。

認知症 夕飯を食べたかどうかがわからない。

③何度も通った道で迷ったとき

もの忘れ 道順を聞いたらたどれる。

認知症 景色に覚えがなく何度も迷子になる。

接し方

周囲の人の意見も聞いてみる

お久しぶりの相手だからわかることも

定年退職後に、趣味を持たない高齢者は、付き合いの範囲が狭くなります。1日のなかで会話するのは同居する家族だけという例は少なくありません。耳が遠くなると電話もおっくうになりますし、口を開くのは食事のときだけ、という冗談のような話もあります。忘れっぽくなるだけでなく、怒りっぽくなったり、やる気がなくなったり、感情面ではいろいろと変化が現れます。

まず同居する家族が「何か変だな」と気づきます。ただ、**身近な人ほど「歳のせいだ」と軽くみてしまいがち**です。

しかし、家族が気づき、本人も不安を感じはじめたら、何か手を打つ必要があります。

昔の友人と会話するなかで、認知症の発症がわかることがあります。

そこで、日常的な付き合いのない人と会う機会をつくりましょう。離れて暮らす家族でも、古い友人やかつての会社の同僚でもかまいません。**久しぶりに会ってもらえないかと頼んでみましょう。**

認知症の人は、古い話をよく覚えていても、「近ごろ、何かおもしろいことあった？」と聞いたら、「うーん……」と思い出せないことがあります。同じ昔話を何度もくり返したり、以前は興味を持っていた話題に関心を示さなかったりするのも、認知症を疑ってみたほうがいいでしょう。

会ってもらった後、感想を聞いてみると、久しぶりに会う人ほど、こうした異変に気づきやすいのです。

心構え

早期発見と適切な初期対応を心がける

進行を遅らせる治療法は存在する

残念なことに、新薬が出てきてはいるものの、認知症の有効な治療法はまだ確立されていません。

一度起こってしまった脳の萎縮は、治すことはできないのです。そのことから「認知症になってしまったら仕方ない」というあきらめにつながっていくのでしょう。

しかし、認知症もほかの病気と同様に、早期発見がキーポイントになります。なぜなら、治すことはできなくても、**薬や行動療法などによって進行を遅らせることはできる**からです。

とくに、軽度認知障害（ＭＣＩ）と呼ばれる、認知症予備軍の段階で発見できれば、初期対応で4割以上の人たちが症状の悪化を止め、いわゆる加齢によるもの忘れ程度の状態まで引き戻せることがわかっています。

では、どうやって早期発見をするか。それはやはり、病院で検査するしかありません。

最近は、認知症の診断や治療ができるクリニックが増えています。「もの忘れ外来」のような看板を掲げていたり、「認知症」そのものを診療することをうたっていたりします。**「疑わしい段階」で診てもらうのが、現在の最良の方法**でしょう。

あのとき診てもらえばよかった、と後悔しないためにも、一度診断してもらいましょう。たとえ認知症でなかったとしても、安心が手に入ります。

認知症予備軍「MCI」

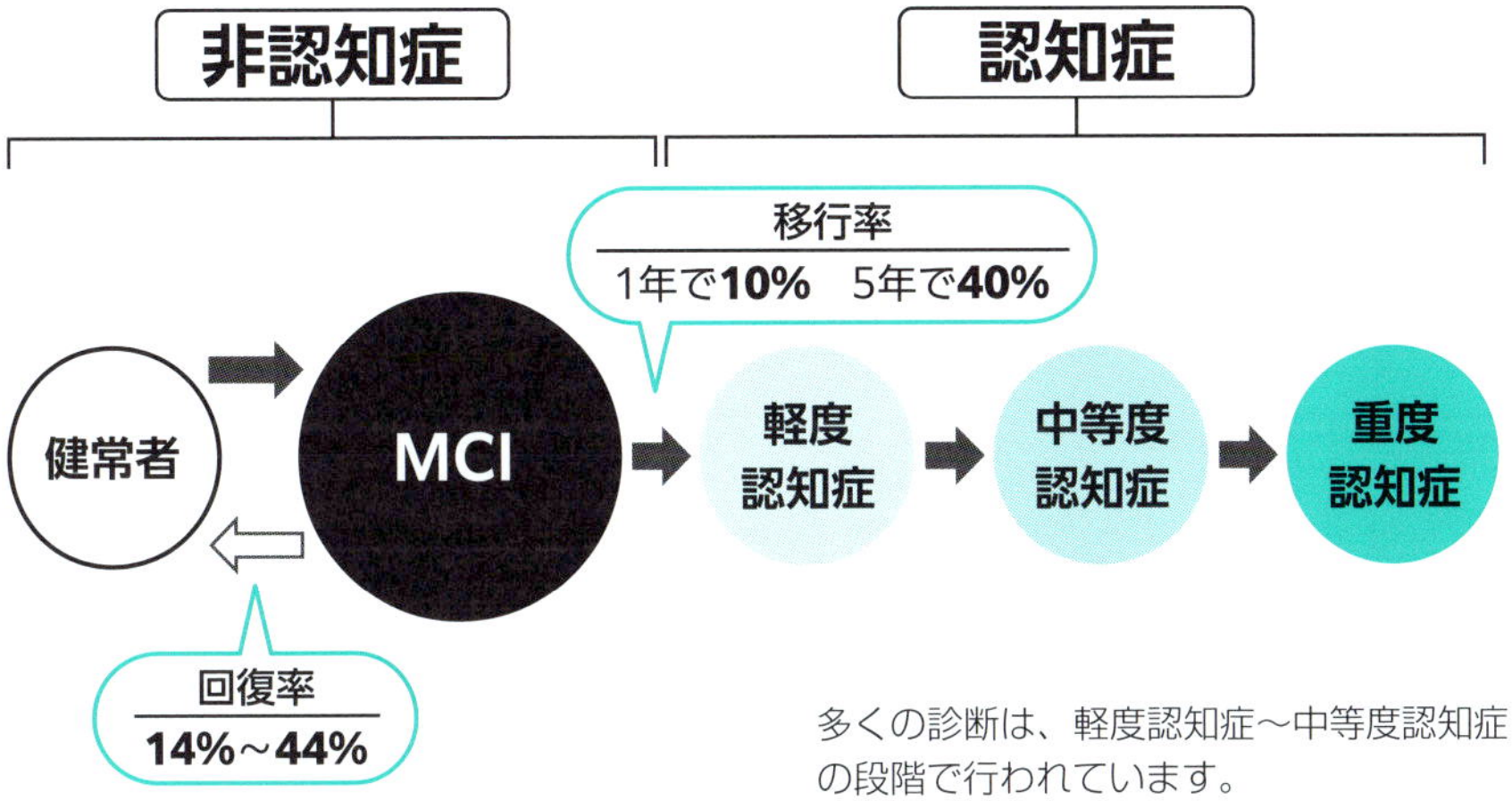

多くの診断は、軽度認知症～中等度認知症の段階で行われています。

疑いがある時点で受診する病院の選び方

本人のプライドを傷つけないように

認知症を疑って受診するときに気をつけたいのは、プライドを傷つけないということ。ある程度の自覚があることから本人も不安に感じており、「もし認知症と診断されたらどうしよう」と恐れを抱いています。認知症だろうと決めつけて無理やり連れていったりすれば、怒り出したりいやがったりして、結局診察を受けずに帰ってしまう可能性もあります。そこで、**本人が納得した状態で受診する必要がある**のです。

受診のハードルを下げるために、かかりつけ医に相談する方法があります。かかりつけ医に認知症の専門医を紹介してもらう形をとれば、納得してもらいやすいでしょう。

また、最初から専門医にかかる場合でも、「もの忘れ外来」のような、認知症という言葉を大きく掲げていないクリニックをおすすめします。

本人や家族の中に人間ドックの経験があるなら、脳ドックで脳の状態を診てもらう方法もあります。「人間ドックを受けましょう」「脳ドックもついでに」と提案するのです。ただ、脳ドックは保険適用外のため、費用がそれなりにかかります。

受診する前に、インターネットなどで認知症に関する専門医やサポート医がいるかどうかを必ずチェックします。

認知症かどうかの判断はかんたんではありません。うつ病やパーキンソン病などのまぎらわしい症状がみられることもあるため、その判断が的確にできる医師を選びましょう。

疑いがある場合に受診する科

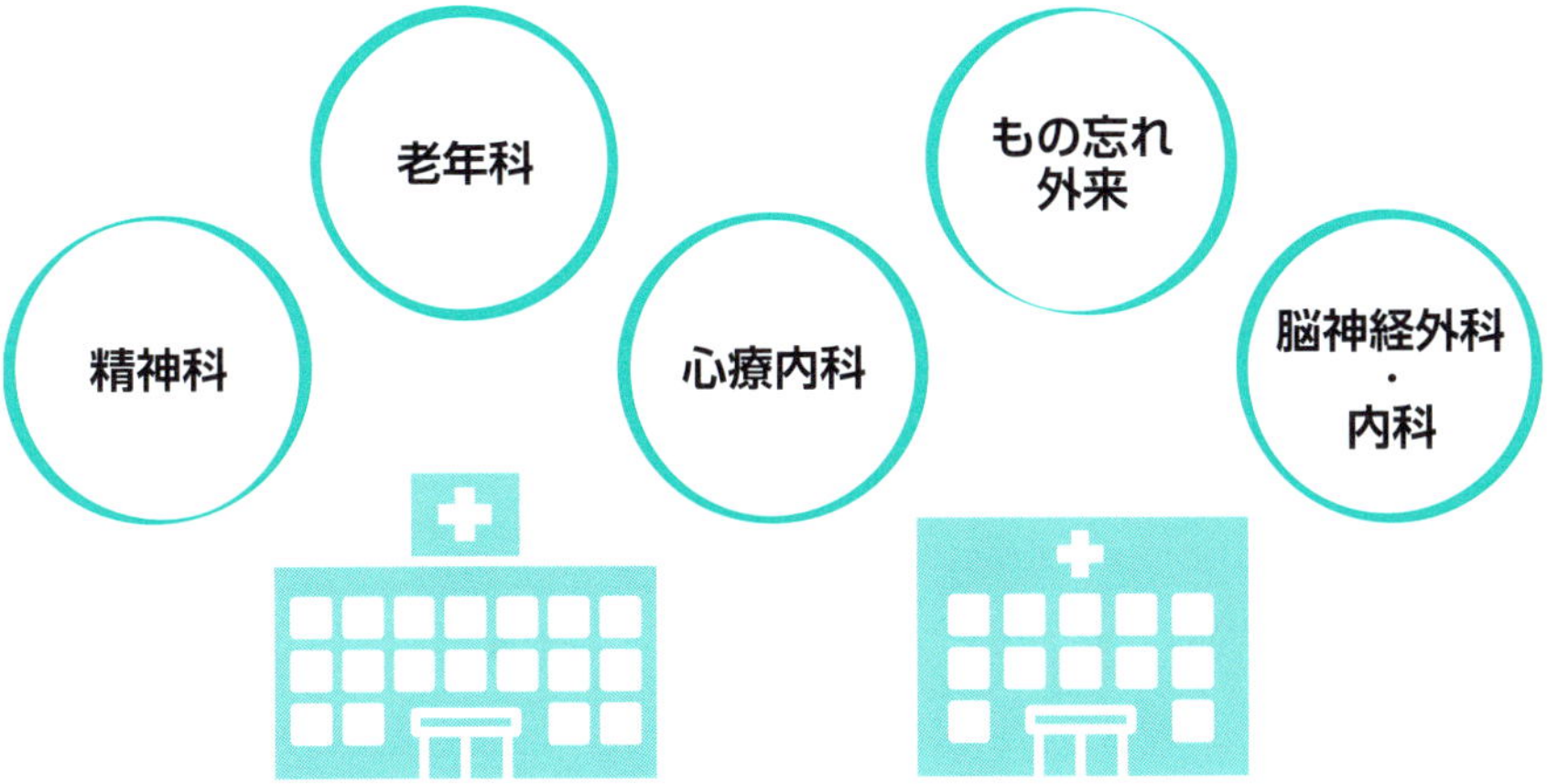

基礎知識

どのように診断・告知されるか知っておく

アルツハイマー型や脳血管性はすぐわかる

認知症は、精神科やもの忘れ外来などで診断されます。

初期段階の認知症は判断がとても難しく、まず問診で単なる老化からくるもの忘れかどうかを識別します。ここで疑いが残るようなら、血液や脳波、心電図などの検査が行われます。**アルツハイマー型認知症と脳血管性認知症は、1、2時間ほどの検査でわかります。**それ以外は、他の病気の症状と診断される場合（パーキンソン病やうつ病など）もあることから、検査当日にわからない可能性もあります。

認知症だとわかった場合、担当医師はまず、家族に説明します。本人に告知すべきかどうかはケースバイケースで、本人の意思や家族の判断が優先されます。

認知症の検査のひとつに、MMSEという神経心理検査があります。10〜15分程度の検査の点数によって、認知症の疑いがあるかどうかがわかります。

症状が進んで明確に生活への支障をきたしていたり、事前に本人が「知らせないでほしい」と話していたりするなら、家族への告知のみとなります。その際、本人に対しては「老人性のうつ症状です」という言い方がされることもあります。

軽度で意識がしっかりしている場合なら、告知だけで終わりません。**病気がどのような経緯をたどりそうか、薬物治療か、非薬物治療かなどの説明も聞きます**。治療で進行を遅らせることができれば、これまでと変わりない生活を長く続けられる可能性もあります。

治療に期待することも多いでしょうが、家族はとくに衣食住に関して気をつけることをしっかり聞いておきましょう。

認知症と診断されたときの家族の対応

セカンドオピニオンも受けられる

もし、認知症と告知されたら、本人はもちろん、家族にとっても大きなショックです。診断結果をどうしても受け入れられないときは、セカンドオピニオンを受ける手もあります。診断を下した医師に、**はっきりと「セカンドオピニオンを希望します」と伝えて、紹介状の作成をお願いしましょう。**

セカンドオピニオンを受けられる病院は、インターネットなどで探すことができます。なお、セカンドオピニオンとは、診療や治療ではなく、あくまでデータから別の診断が下せるかをみてもらうシステムです。料金は決して安くはありませんが（1時間で2～3万円ほど）、全員が納得するためには、受けてみたほうがいいでしょう。

そこでも認知症と診断されれば、パート2で紹介する家族としての対応に移ります。病気は待ってくれません。いちばん辛い本人のケアを優先しつつ、すみやかにさまざまな手続きを進めていきましょう。

その**第一歩は運転免許の返納**です。警察署や運転免許試験場で申請し、30分程度で終わります。本人はショックをうけているので、できるだけ付き添いましょう。

薬をはじめとする治療法は進化しており、症状をやわらげる選択肢も増えています。そうした治療法への知識を得て、介護術も学んでいかねばなりません。とにかく、認知症と診断されたら、やるべきことが一気に増えると心得ましょう。

症状改善薬による治療効果

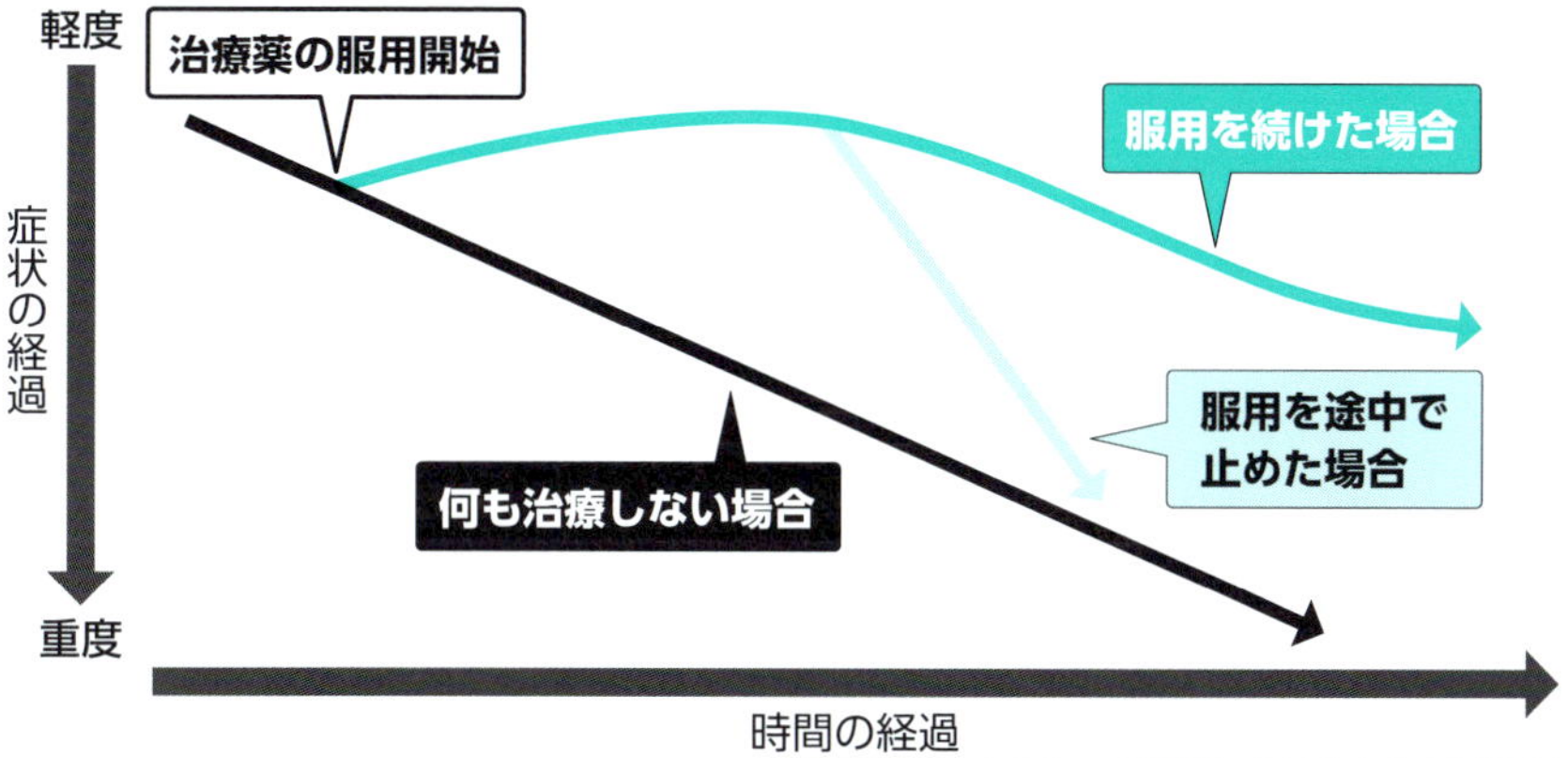

厚生労働省：かかりつけ医認知症対応力向上研修より

本人が受診を拒否するときの対応

認知症を疑われて、医師の診断を仰ごうと考えても、本人がなかなか同意しないというケースはよくあります。そういうときは、「健康診断だ」と伝えて受診してもらうか、「一緒に受けよう」と伝えて一緒に受診する方法があります。

それでも難しい場合は地域包括支援センターに相談し、自治体ごとに組織される「認知症初期集中支援チーム」を紹介してもらいましょう。

このチームは、認知症を専門とする医師や看護師、精神福祉士などで構成され、認知症にまつわる困りごとの相談にのってくれます。かかりつけ医とも連携して、在宅で診てもらうことも可能です。

これから、家族では手に負えないケースが増えてきます。困ったことがあれば、自治体の機関を積極的に利用しておきましょう。

PART 2

パニックにならないため、まず手をつけること

フローチャートでわかる！

認知症と診断されてから1年以内にやるべきこと

診断されて最初の1年は、つねに前倒しするつもりで手を打っていきましょう。

認知症と診断される

↓

本人を交えて家族で話し合う（家族会議）

できるだけ早くに、認知症の人も交えて家族全員が集まり、話し合いをもちましょう。この段階では症状があまり進んでいないので、今後の治療や介護のことについて、本人の希望をくわしく聞いて検討できます。

↓

認知症の人の生活パターンを把握

本人の認知機能が衰える前に、日々の様子をよく観察して行動パターンを把握しましょう。どこで何をしているのかがわかると、症状が進んだときの言動を理解するのに役立ちます。また、なるべく今までの生活を続けて、仕事や趣味も継続する方向で考えましょう。

仕事や趣味は続ける

↓

↓

介護にかかる費用をざっくりと把握

将来を考えるにあたって、介護にかかる費用を知っておくことも大切です。本人の認知機能が衰えて介護生活がはじまってから「お金が足りない」となるのでは、遅いのです。本人の意向と介護内容とを重ね合わせて、必要な額を想定しておきましょう。

↓

介護サービス情報の入手

認知症の初期段階であっても、受けられる介護サービスがあります。適切な介護サービスを受けることで、症状の進行を遅らせることができるかもしれません。また、症状や生活状況によって、受けられるサービスが変わります。どの段階でどのような介護サービスが利用できるのかを知っておくと、あわてずにすみます。

住環境の見直し

↓

食事チェック・口腔ケア

↓

買い物トラブル回避策

地域包括支援センターへの相談

↓

介護予防プログラム作成

最終的には介護生活になりますが、そのスタートを少しでも遅らせる必要があります。地域包括支援センターなどで実施されている運動やリハビリテーション、食事プログラムを参考に、家庭でできることを実践しましょう。

認知症がどう進行するのかを知る

重度に至る10年は心の準備期間

初期段階の軽度認知症では、もの忘れや探しものが増えますが、日常生活に大きな支障が出ることはありません。この間に本人の意思確認や情報集めを進めていきます。しばらくすると症状が進み、もの忘れなどが頻繁に起こり、家の中をうろうろするようになります。この段階になれば、診察を受けなくてはならないでしょう。

進行スピードには個人差がありますが、ここでは一般的な例をあげます。なお、**途中で進行が止まったように見える時期があっても、改善することはないと考えましょう。**

軽度認知症から2、3年ほど経つと、中等度認知症へと進みます。この段階になると、日常生活でかなりの支障が出てきます。時間や場所がわからなくなり、知人や家族の名前、さらに自分の名前も出てこなくなります。

それまで使っていた電化製品などの使い方がわからなくなったり（失行）、化粧や服装を気にしなくなったりします。この状態が2、3年続くと、次の段階へ進みます。

重度認知症になると、会話が通じなくなり、食事のときに飲み込むことができなくなったり（嚥下障害）します。普通に歩いていても転倒しやすくなり、ほぼ一人で行動することは難しく、介助や介護が必要です。

軽度認知症から重度認知症に至るには、およそ10年かかるといわれています。その時間をそばで見続けることは、家族としてなかなか難しいかもしれませんが、「10年かけて心の準備ができる」と前向きにとらえましょう。

種類によって異なる進行速度

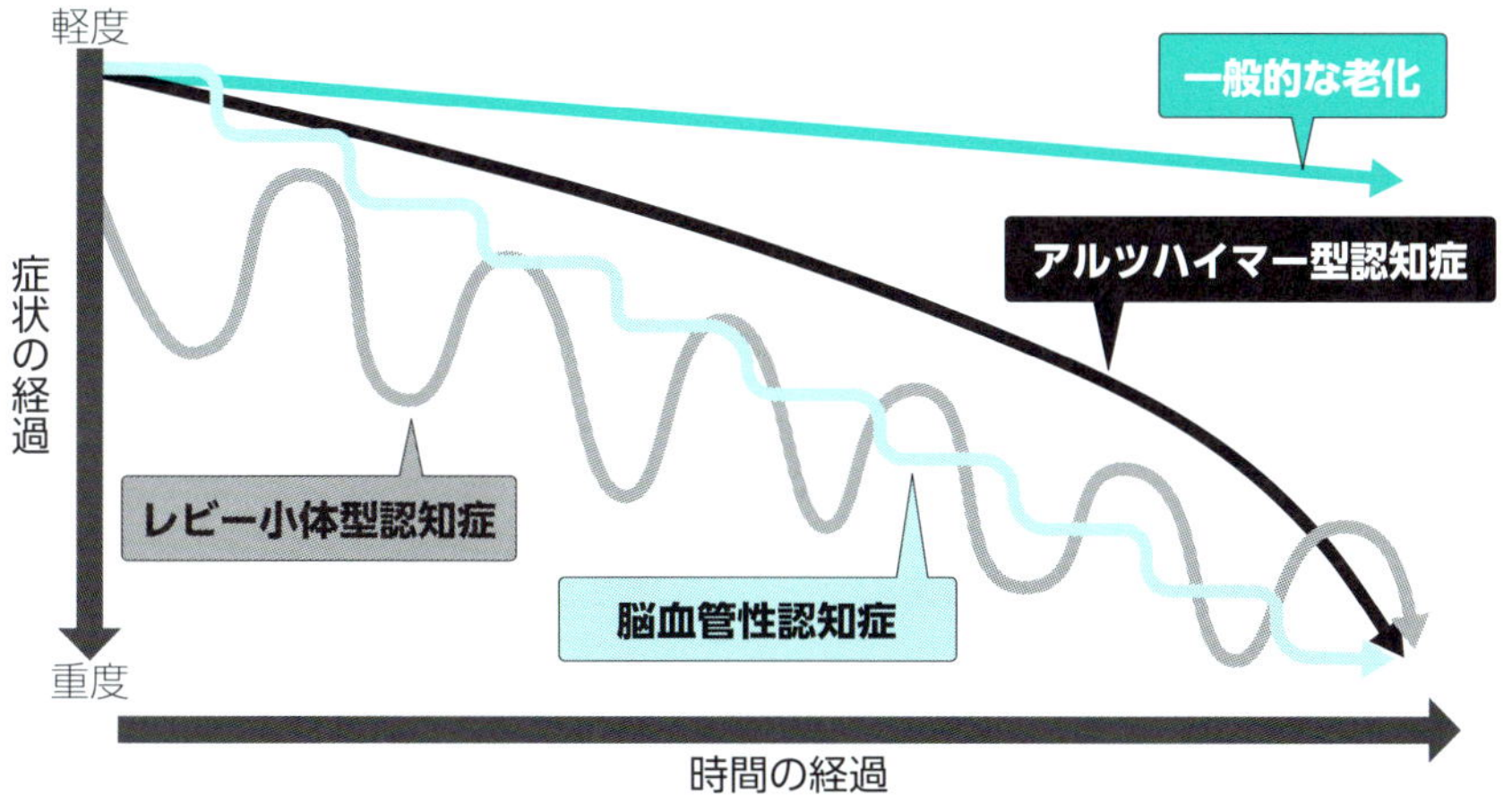

介護準備

本人も交えて家族で今後について話し合う

早い時期に集まることが大切

本当は診断を受ける前が理想的ですが、認知症と診断されたら、遅くとも1年以内に家族会議を開きましょう。

都合がつかない、遠方で集まりにくいなどと言っているうちに、生活に支障が出はじめたり、本人が話すことができなくなるとかして、意思を尊重する決定も難しくなります。**認知症は家族にとっての一大事です。必ず全員が集まる場を設けましょう。**本人も参加し、意見を言ってもらわねばなりません。本人不在で開くと、「言った」「言わない」などの問題が生じます。

家族が集まったら、いずれ介護が必要になるということを周知し、医療関係者とのやり

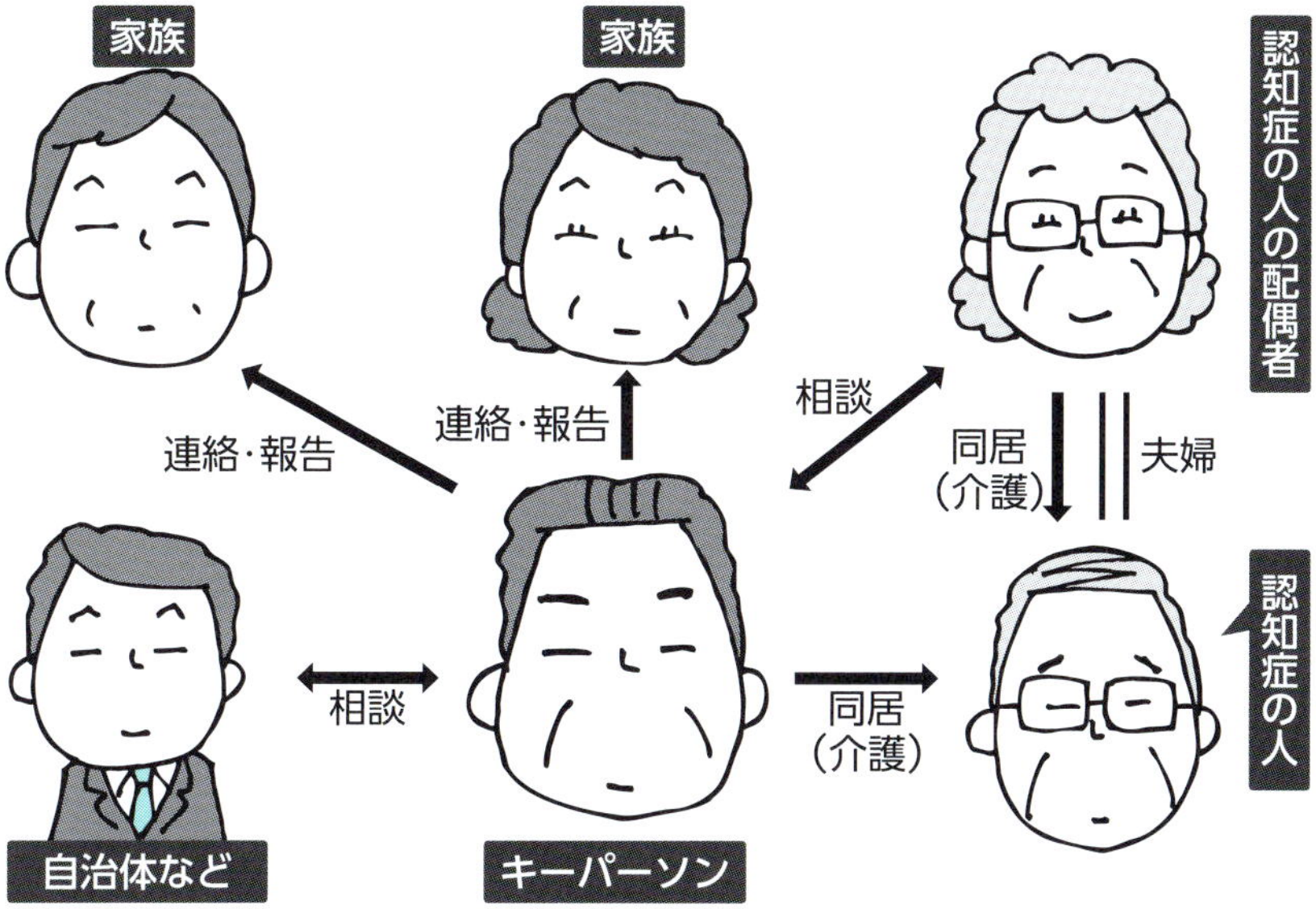

認知症の人も交えた家族会議を早急に開き、キーパーソンを決定することからはじめましょう。

取りをして、**緊急連絡時の窓口となるキーパーソンを決めましょう**（92ページ）。聞き取りでは、一般的なエンディングノートにまとめるような内容を質問しつつ、本人の意思確認をするのも有効です。死が連想されることもあり、本人は書きたがらないものですが、「この機に聞いておきたい」などと説明して、話をしてもらいましょう。

家族であっても話し合いにくいテーマである、認知症の人の預貯金や不動産については、「今すぐ必要なわけではないけれど」と前置きし、「何かあったときのために」という言葉で納得してもらうのがいいでしょう。成年後見制度（130ページ）のような法的な措置の話も、議題となります。

初期症状が現れた人との接し方

本人の不安を取り除くのが優先

認知症の初期段階では、本人は不安を抱えながらも、「もしかすると自分は認知症ではないかもしれない」という希望を持っています。この段階の**家族の対応によって進行が早まったりゆるやかになったりする可能性があるため、慎重な対応が求められます。**

会話を交わす際には、いくつかの注意すべきポイントがあります。

まずは、本人の言うことをじっくりと聞いてあげること。何度も同じ話をくり返すようになっているため、相手をするのが面倒になったりもします。

しかし、ぞんざいな反応をすると、本人の不安は強くなります。「自分の話していることはおかしいかもしれない」と思うからです。話す内容には気をとられずに、話している

同じ話を何度もくり返す場合も、聞き流さずに耳を傾けましょう。無視するのはNGです。

様子をよく観察して、異変がないかをチェックしましょう。

また、話の先回りをしないことも大切です。何度も聞いていれば、「それは、こういうことだろう」と先取りしてしまいがちです。**認知症の人が一度話しはじめたら、適宜あいづちを打ちながら、できるだけ最後まで聞くよう心がけましょう。**

会話以外で注意したいのは、行動を制限しすぎないことです。「恥ずかしい」「迷惑をかけるかもしれない」などの理由で、本人の趣味や参加していたサークルなどを辞めさせるケースがあります。引きこもってもいいことはありません。家族が同行してでも、可能な限り外出するようにしましょう。

認知症になった人の生活パターンを把握

毎日、何をやっているのかは案外知らない

認知症の人は、急に日常のパターンを変えてしまうと症状が進むことがあります。では、あなたは両親や配偶者の普段の生活をどれだけ知っていますか？　知らなければパターンを変えているかどうかもわかりません。

あなたがそばで暮らしているなら、朝起きてから夜寝るまでの暮らしぶりを見ておきましょう。離れて暮らしている場合は、本人に直接聞いてみるのがいいでしょう。

とくに起床時間や就寝時間、昼間に何をしているか、買い物や散歩などのルートは大事です。これまで興味を持っていなかった両親や配偶者の、意外な一面が垣間見えることでしょう。本人も、自分を知ってもらうことで、安心感を生じさせるはずです。

生活パターンのチェック例

- □ **起床** ▶ 6時
- □ **散歩** ▶ 6時30分
- □ **朝食** ▶ 7時
  ・食事の内容

〈仕事をしている場合〉

- □ **出勤** ▶ 8時30分
  ・電車通勤なら経路も把握する
  ・同僚など仕事先で親しい人の名前も聞いておく
- □ **昼食** ▶ 12時
  ・弁当か、外食か
- □ **帰宅** ▶ 18時

〈リタイアしている場合〉

- □ **サークル活動** ▶ 水曜日10時
  ・どのようなサークルか、そこでの人間関係
- □ **ボランティア活動** ▶ 木曜日16時
  ・ボランティアの内容、団体組織の概要など
- □ **何もせずに家にいる** ▶ 月曜日・火曜日・金曜日

- □ **夕食** ▶ 19時
  ・食事の内容、食べ物の好き嫌いを聞いておく
- □ **団欒** ▶ 21時
  ・好んで見るテレビ番組、読書傾向など
- □ **就寝** ▶ 22時

仕事や趣味の活動はできれば続ける

なるべく環境を変えない方向で話し合う

行動パターンがわかったら、家族以外の人への周知に移ります。とくに、**仕事をしているなら職場との相談が必要になります。**

過去に私が取材をした人で、定年退職した後も嘱託社員として同じ職場で事務の仕事をしている人がいました。その人は、認知症の診断を受けても仕事を続けたいと考え、みずから上司に相談しました。「仕事に支障の出ない状態なら」との承諾を得て、2年ほど働いたそうです。

最終的には外部からの電話が取り次げなくなり、会話もうまくできなくなったため、その人は退社しました。納得のうえでの退社でした。

事務ではなく、顧客と折衝する仕事だと、続けることは難しくなります。上司や部下がいるのかどうか、勤務時間がきっちりしているかどうかなど、業務内容、職場環境や本人の立場も影響してきます。

また、お金の計算などをする仕事は、いくら働きたいと願っても「まことに申し訳ないが、このままでは厳しい」と告げられることになるでしょう。家族を交えて話し合われることもあります。

趣味のサークルなどに参加している場合は、できるだけ継続する方向で話し合いましょう。俳句や短歌、合唱やギターなどの楽器などは、続けることで症状の進行を遅らせることにもつながります。

体操やヨガのように体を動かす活動も、できるだけ続けたほうがいいので、サークルの主催者に相談し、意見を聞いてみましょう。

認知症の人の就職・転職窓口

● **地域障害者職業センター**
独立行政法人高齢・障害・求職者雇用支援機構が運営する。
各都道府県に1カ所以上ある。

● **障害者就業・生活支援センター**
就業だけでなく生活を含めた総合的な支援を提供する。
各都道府県に複数ある。

● **ハローワークの障害者相談窓口**
障害者手帳をもつ求職者の面談や求人紹介が受けられる。
各都道府県に複数ある。

介護にかかる費用を「ざっくり」知る

訪問介護やデイサービスの一時金

認知症の人は、将来的には何らかの介護が必要になります。

在宅介護や施設介護を考えるとき、もっとも気になるのは費用だと思います。すぐに必要ではないにしても、いずれは用意する可能性が高くなります。まずはざっくりと計算してみましょう。

在宅介護では、「一時費用」と、月々のサービス利用料・医療費がかかります。一時費用の平均は74万円、月々のサービス利用料・医療費は平均で4・8万円です。一時費用とは、リフォーム代や介護用具の購入費などです。月ごとの費用には訪問介護やデイサービスなどにかかる費用、医療費が含まれます。

なお、在宅ですのでサービス利用料のほかに、普段の食費や光熱費、日用品の費用が当然かかってきます。これらを合計すると月々12万円程度が必要となります。

施設介護の金額はピンキリ

施設介護は、**施設の種類によってかかる金額が大きく異なります**（148ページ）。

月ごとの平均は12・2万円です（施設の居住費や光熱費や食費も含む）。平均でみると、在宅介護と施設介護でかかる費用に大きな差はありません。

ただ、民間企業が経営する有料老人ホームは月額で約30万円、公的機関が運営する特別養護老人ホームを低所得の人が利用する場合は月額で約6・7万円と大きな開きがあり、まさに「ピンキリ」。どちらかといえば、施設介護のほうが費用は高くなります。

介護をする期間は平均で61・1カ月となっており、施設介護

介護を行った場所別介護費用（月額）

「生命保険に関する全国実態調査〈2021年度〉」（生命保険文化センター）

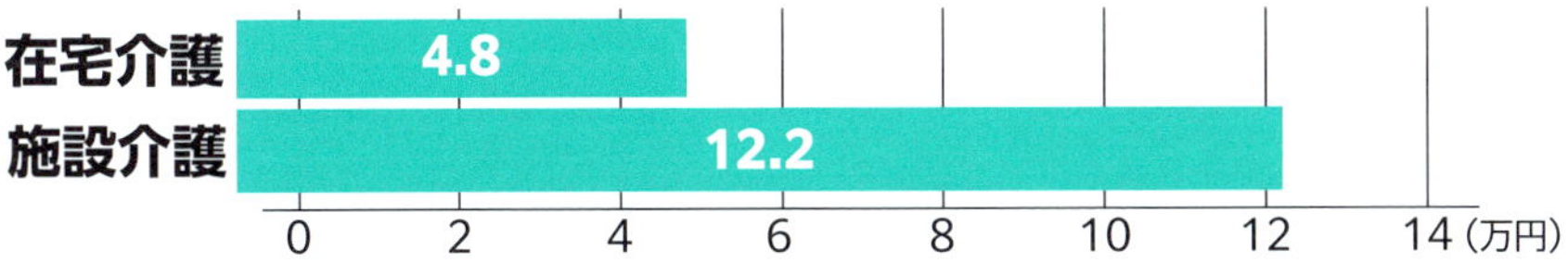

施設介護は在宅介護の3倍近い費用がかかります。

費用例①　在宅介護（要介護３、介護保険１割負担）

名目	負担額
介護サービス費	2万7048円
居住費	0円
福祉用具レンタル料	5000円
その他・雑費	3万円
食費	5万円
光熱費	1万円
合計	12万2048円

費用例②　施設介護（要介護３、介護保険１割負担、個室型）

名目	負担額
介護サービス費	2万3790円
居住費	6万8000円
その他・雑費	1万円
食費	5万5000円
合計	15万6790円

は、累計で745万円が必要といえます。

症状が重いと費用がかかる

在宅介護で訪問介護を利用する場合も、施設介護であっても、患者本人の状態や、介護する側の収入など、さまざまな条件が重なってくるため、かかる費用は異なります。

かんたんにいえば、症状が重ければ重いほど、費用はかかりますので、ここまで紹介してきた金額は、目安として把握する程度でかまいません。

もっとも重要なのは、**あなたの大切な人にとって、どのレベルの介護を受けさせてあげたいかということ**です。なるべく希望をかなえてあげたいと思うなら、どのような設備やサービスが必要かを、吟味しなければなりません。

介護費用が用意できないときはどうする？

月々にかかる介護費用、施設介護への移行にかかる一時費用が、本人の預貯金や家族の支援でまかなえないときは、低金利で借りられる介護ローンを検討しましょう。持ち家なら、家を売却してもそこで暮らしていく方法があります。認知症の人がひとり暮らしの場合、生活保護が受けられるかもしれません（家庭の経済状況によって受給できるかどうかが判断されます）。いずれにしても、「お金がないから」とあきらめず、地域包括支援センターに相談しながら方法を考えましょう。

手続き

地域の窓口で介護サービス情報を入手

わからないことは堂々と質問

はじめは、介護サービスを利用すべきなのかはもちろん、どこに相談したらいいかもわかりません。ここでは、いくつかの窓口を紹介します。

①病院の一部署として置かれている地域医療連携室

住所のある地域の地域包括支援センターなどと連携していますので、紹介してもらいましょう。ただし、クリニックで診断を受けた場合はこの窓口がないため、②の地域包括支援センターに相談します。

②地域包括支援センター

介護全般の相談所のような役割を果たしています。介護サービスの説明から、利用できるかどうか、利用する場合の事業所なども紹介してくれます。ケアマネジャーという専門家がいるため、本人の症状によってどのようなサービスが受けられるか、また、その費用も教えてくれるでしょう。ほかに持病がある場合は、通院や投薬についても相談してみましょう。

地域包括支援センターは、公立中学校の学区に1カ所ずつあり、探せばすぐに見つかります。訪問が難しければ、家まで来てもらうことができないかも相談してみましょう。

相談を続けていくうちに、訪問型のサービスがよいか、デイサービスなど施設に通うのがよいかなどが、少しずつ考えられるようになっていきます。

地域包括支援センターの4つの役割

総合的な相談の支援	権利擁護
高齢者本人および家族のさまざまな相談を受け付け、介護保険などあらゆる支援へつなげる	消費者被害の防止や対応、高齢者虐待の予防、早期発見・対応を行う
ケアマネジメント支援	**介護予防ケアマネジメント**
入院（施設入所）・退院（施設退所）時の連携や、ケアマネジャーの後方支援を行う	地域サロンや健康教室などを通じて、介護予防に取り組む。「介護予防ケアプラン」を作成する

介護予防のためのプログラム作成

難しく考えず、家でできることを実践

要介護の状態になる時期が遅くなればなるほど、家族の負担は軽くなります。そのため、国は「介護予防」に力を入れており、自治体がその推進策を担います。まずは、各県や市町村の地域包括支援センターが作成しているプログラムの要点を紹介します。

介護予防の柱となるのは、**①運動機能の向上、②口腔機能の向上、③栄養改善、④認知症予防の支援、⑤ひきこもり予防と支援、⑥うつ予防と支援です。**

このなかから、患者の状態に合わせた対策を講じていきます。地域包括支援センターと相談しながら作成できますので、難しく考える必要はまったくありません。

このプログラムについて知っておきたいポイントは、「本人が家でできる」ことです。

たとえば、運動機能の向上に有効なのは、有酸素運動です。ウォーキングや軽いジョギングが適しており、今より10分多く体を動かすことが推奨されています。口腔機能の向上や栄養改善の面では、バランスのよい食事や禁煙、禁酒などが有効です。

要は本人にとっても家族にとっても「健康のためによいとされていること」です。**認知症の人と一緒に取り組むことで状態を把握しやすくなり、あなた自身も健康になれるというメリットがあります。**

なお、認知機能の低下を防ぐ認知トレーニングも推奨されています。囲碁や将棋のような考えるゲーム、お手玉やあやとり、折り紙などの手遊びが効果があるとされています。

介護予防とフレイル予防

近年、多くの自治体が理学療法士などを招いて体操教室を実施しています。これは介護予防やフレイル予防事業といい、フレイルとは「高齢や病気による心身の活力が低下した状態」を指します。体、心、社会の３分野にまたがった状態でフレイルが進むと要介護状態になってしまうため、早い段階での介護予防が必要となるのです。

また、フレイルは認知症だけでなく、糖尿病や心臓疾患、高血圧などの病気を併発する可能性があります。体操教室のような運動をメインとするもの以外に、栄養改善や引きこもり予防などのセミナーもあるので、ぜひ活用しましょう。

プログラム見本例１

エクササイズ＆ストレッチ

足腰の衰えや心肺機能の低下を防ぐための踏み台昇降運動が代表的です。複数人で行うときは、しりとりや回数を順に数えていくなど、同時に声を出すことが認知症に有効です。

ウォーキング、散歩

毎日15分ほど。心肺機能のアップにつながります。最近の研究では、歩くだけではなく、かんたんなスクワットや腹筋を織り交ぜるといいとされています。

毎食後に口腔ケア

口腔の健康状態が体全体に影響をおよぼすので、歯磨きだけでなく歯茎のマッサージ、舌の汚れを落とすこと、入れ歯の手入れは忘れないようにしましょう。食事をつまらせることから発生する誤嚥性肺炎は要注意です。

１日３食、バランスの良い食事

野菜が少なくなりがちなので意識的に増やします。自分で作れない場合は、配食サービスの利用も。

プログラム見本例2

ひきこもり予防

外出の理由を見つけるようにします。サークル活動、デイサービス、買い物や美術館や博物館めぐりなど、どのような形でも外に出るようにしましょう。

うつ病の予防

他人とのコミュニケーションを敬遠するようになると、うつ病にもなりやすいので会話や遊びに気を配るようにします。規則正しい生活と気分転換法を身につけましょう。

レクリエーション活動

デイサービスなどでよく行われていますが、可能なら家庭でも行いましょう。ヒントから物事を連想してもらう「連想ゲーム」や、風船を使ったかんたんなバレーボール「風船ゲーム」などを試してみるといいでしょう。

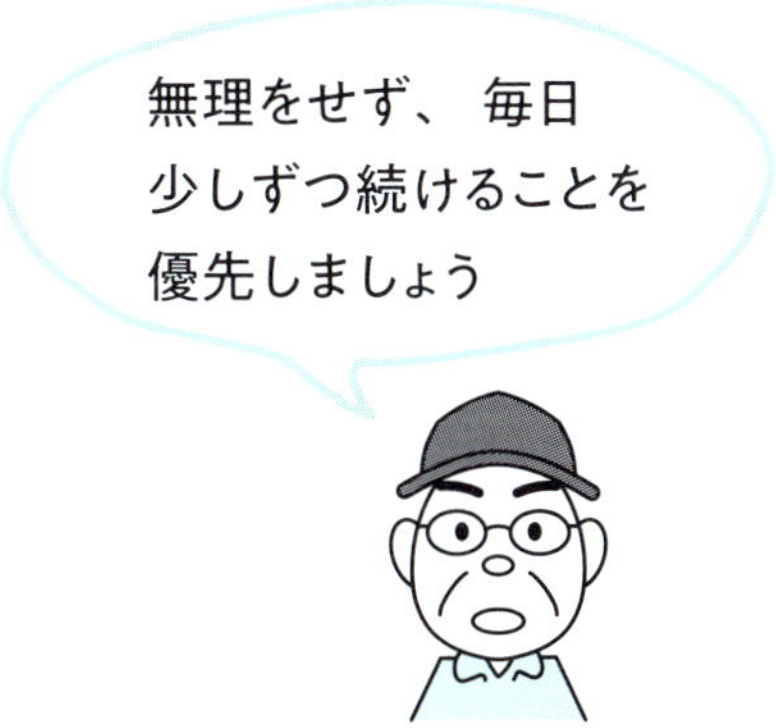
無理をせず、 毎日
少しずつ続けることを
優先しましょう

初期段階での部屋のつくりと家具などの配置例

家具を一気に入れ替えると混乱する

元気なうちは部屋間を行き来しやすくして、寝室にこもってしまわないよう気を配りましょう。そのためには、**居間と寝室との動線をはっきりさせ、部屋内の明るさや家具の配置を明確に変える**ことをおすすめします。これは、自分がどの部屋にいるのかがわからなくなるのを防ぐためです。

体力が落ちてくると、居室と寝室が同じであるほうが楽になります。寝室としての役割が大きくなりますので、居室でよく使う家具などを少しずつ移動して、慣れてもらいましょう。ただし、一気に間取りを変更すると混乱するので注意が必要です。

なお、転倒防止のため、入り口からベッドまでの間に物を置かないよう注意しましょう。

将来の介護生活に役立つ家具など

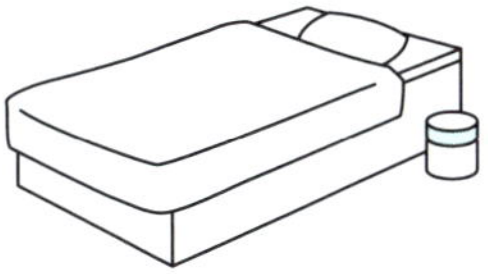

ベッドの足元にセンサー付きの足元灯

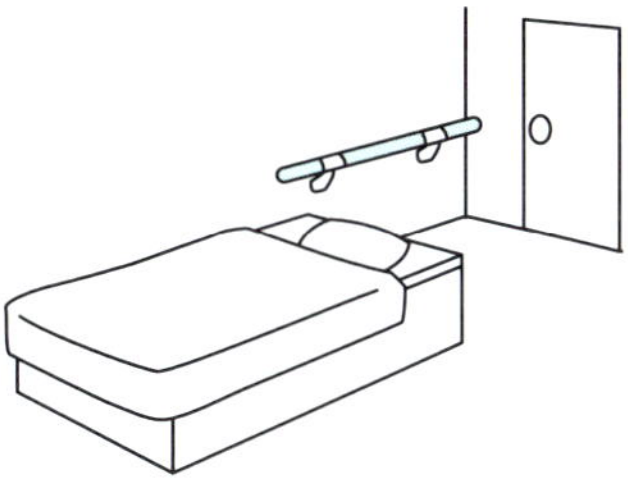

入り口からベッドまでの手すり

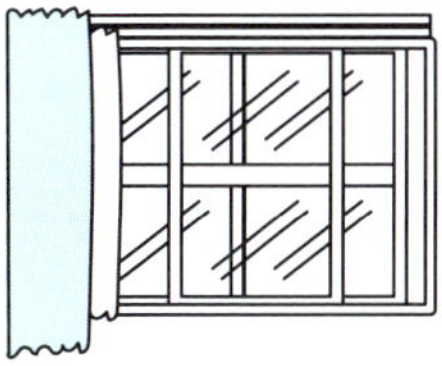

窓を二重にしてレースの
カーテンと厚手のカーテン
※夜は暗くなるように

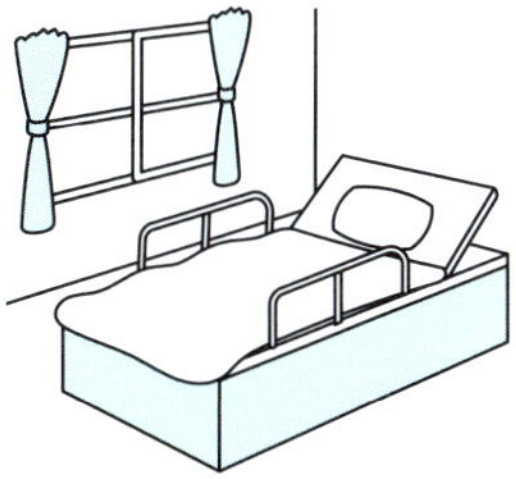

福祉用ベッド（レンタル）
※窓から少し離して置く

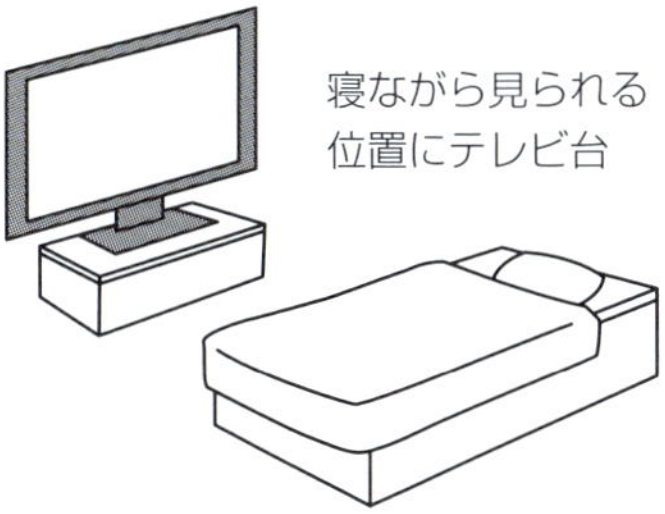

寝ながら見られる
位置にテレビ台

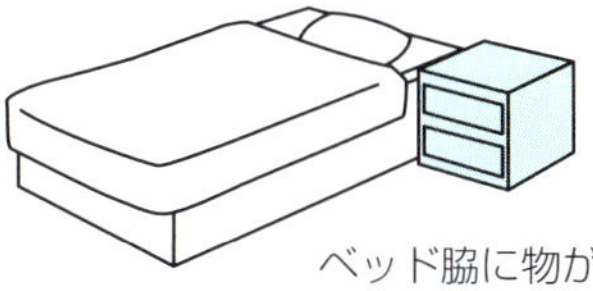

ベッド脇に物が置ける棚

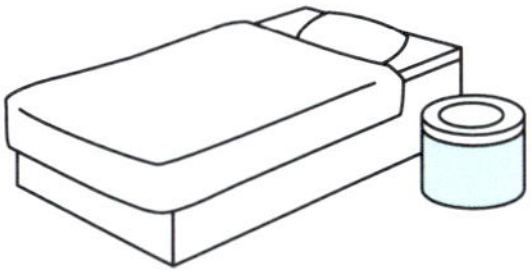

ポータブルトイレを置く
場合はベッドのそばに

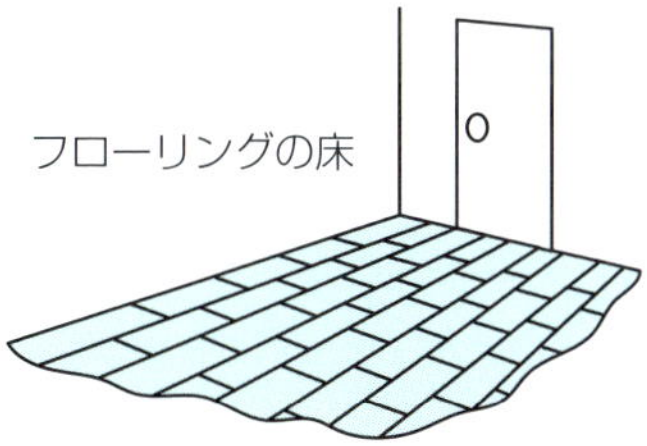

フローリングの床

家電や家具は新しいものより使い慣れたものを優先

「便利」だから「快適」とは限らない

今は、便利な機能のついた家電が多くなっています。ただ、さまざまな機能は、認知症になった家族にとって決して便利でもなければ快適でもないケースが多いのです。

認知症とは物ごとを認知する機能の疾患ですから、新たに覚えたり使いこなしたりすることが難しくなっていきます。いつも使っている家電があるなら、なるべくそのままにしましょう。新たに買い替える必要があるなら、できるだけそれまでの家電に似たもの、シンプルで使いやすいものを優先すべきです。その際には、本人とも相談して意向をくみとる必要があります。

長年使っているタンスなどの**収納家具は、本人に愛着があり、どこに何をしまうか決め**

汚れることを想定し、背もたれや座面には、カバーを洗濯しやすいものや取り換えやすい素材を選べば、負担も少なくなります。

ている場合があります。耐震補強をして、そのまま使ってもらいましょう。

ほとんど使っていない、またはうまく使いこなせていない家具は「倒れると危ないから」「つまづいてしまうから」といった理由を説明したうえで、処分する方向で相談してみるのも手です。

いつも座る椅子は、新たに用意することを検討したほうがよいかもしれません。たとえば、肘掛けのない椅子は、居眠りして転げ落ちる危険があります。座面が低くやわらかいソファは、腹筋が弱ったり、腰や膝が痛むようになると、立ち上がるのがつらくなります。**肘掛けのついた椅子は、危険が少なくなるのでおすすめです。**

食事内容のチェックと口腔ケア

誤嚥《ごえん》は命に関わる事故

認知症の初期に、本人が食事をしたがらないことがあります。食欲が低下するだけでなく、箸を使うのがおっくうになったり、食器の持ち方がわからなくなったりするからです。そんなときは、無理やり食べさせるのではなく、「何が食べたいの?」とたずねてみたり、本人の好みに合う食事を用意しましょう。栄養バランスを考えながら味付けを少しだけ薄くすれば、食べてくれるかもしれません。

食事で気をつけないといけないのは、誤嚥です。これが原因で、多くの高齢者が肺炎を引き起こし、命を落としています。誤嚥は、2つのポイントで予防できます。

①口の中を湿らせ、清潔に保つ

②危険な食材を避ける

まずは、飲みものを必ず用意しますが、口の中に食べものが残っているときに飲まないよう注意する必要があります。

ワカメや薄切りの野菜のようなペラペラした食べものは口の中でくっつきやすいため、要注意。きなこなどの粉ものは気管に入りやすく、咳きこむ原因になります。餅も窒息につながります。歯ごたえのあるタコやイカも噛み切れずに飲み込もうとすると、誤嚥につながります。

出せる料理が減ってしまうなら、試しに高齢者向けの食事サービスを活用してみましょう。有料ですがレシピの参考になり、おすすめです。食後の歯みがきや、入れ歯の手入れは一緒に行いましょう。

誤嚥に気をつけたい食材

サラサラした液体	口の中でまとめにくいもの、バラバラになるもの	パサパサしているもの、乾燥しているもの
水、お茶、ジュースなど	ひき肉、豆類、こんにゃくなど	焼き芋、パン、カステラ、焼き菓子など
粘度の高いもの	**噛み切りにくいもの**	**口の中やのどに付着しやすいもの**
餅、だんご、とろみ剤の誤使用など	肉、タコ、イカなど	きなこ、ウエハース、海苔、煮豆の皮など

買い物トラブルを回避する工夫

起こってしまったことは叱らない

認知症の症状により、日常生活の一部である買い物などでトラブルを起こしやすくなります（左ページ）。トラブルを防ぐためには、以下のような対策が有効です。

①頭ごなしに叱らない

何度も同じものを買ってくることについて、叱るのは避けましょう。本人は買ったことを覚えておらず、叱られることで自信を失い、症状が悪化する可能性があります。

②買い物に付き添う

家族や周囲の人が買物に同行し、必要なものだけを買うようにサポートしましょう。「買うものリスト」をつくり、確認しながら買い物をするのも効果的です。

③よく行くお店の店員に協力を依頼する

たがいに顔を知っているくらいよく通うお店なら、店員さんに認知症であることを伝え、注意してもらうよう依頼しましょう。

④通信販売のきっかけを排除する

ダイレクトメールやカタログの配送を停止し、購入のきっかけを排除しましょう。

認知症高齢者の買い物トラブルを防ぐためには、家族や周囲の人のサポートが不可欠です。日常的に様子を観察し、不審な行動がないか注意を払うことが重要です。

なお、訪問販売で必要のない契約をしてしまったら、クーリング・オフ制度を使いましょう。

認知症の人の買い物トラブルとその原因

①同じものを何度も買う、大量に買い込む

認知症の記憶障害から買ったことを忘れ、同じ商品を何度も購入してしまいます。

②消費期限の管理ができず腐らせる

記憶障害や計画力の低下により、買った食品を消費期限内に使い切れずに腐らせてしまいます。

③会計せずに持ち帰る

認知機能の低下により、会計を忘れたり、会計したかどうかを思い出せず、未会計のまま商品を持ち帰ることがあります。

④通信販売で不必要な商品を大量に購入する

判断能力の低下により、カタログやテレビショッピングで見た商品を大量に購入してしまいます。

⑤訪問販売で不要な契約をしてしまう

訪問販売のセールスマンに言葉巧みにすすめられ、高額商品や不必要なサービスを契約してしまいます。

お金の管理が心配なときの相談窓口

認知症患者との接し方や介護に関わる相談は、地域包括支援センターが窓口ですが、患者自身の日常的な買い物の付き添い、預貯金の引き出しに関する心配ごとは、地域の社会福祉協議会（社協）が窓口となります。

社会福祉協議会は民間団体ですが、運営資金の多くは自治体の予算から出ています。市町村単位で存在しています。「日常生活自立支援事業」として、認知症の患者やその家族からの相談を受けると、患者本人との契約により、支援計画をつくります。

最初の相談は家族から行えますので、本人に「社協に相談してみるね」と伝えてから連絡をしましょう。

なお、一般的には相談から計画作成、サービス開始までに数カ月かかるので、早めに申し込むことをおすすめします。

PART 3

認知症患者との向き合い方

認知症患者への日ごろの接し方と声かけ

認知症の人は、つねに焦っている

人間は何かに集中しているとき、横から話しかけられても内容が頭に入っていないことがあります。認知症の患者は、普段からそうした「気もそぞろ」状態にあると考えておきましょう。何か忘れているのではないかと不安を抱え、心の余裕がありません。

たとえば、家の中でもどこにいるかわからなくなったり、財布をなくしたと思い込んでしまったり、すでに退職している会社に「行かなくてはならない」と感じたりしています。こういうときの**周囲の何気ない一言や、悪気がなくてもせかすような態度をきっかけにパニック状態に陥ってしまいます。**

このことを念頭に、ぜひ実践していただきたいのは、次の2つだけです。

認知症の人が急に出かける準備をはじめたときは、やさしく声をかけます。ゆとりある態度を示せば、安心してもらえるでしょう。

①何かをしているときは話しかけずに手が止まるまで待つ

②あわてなくていいことを、言葉や態度で示す

これは覚えやすく、毎日続けられると思います。あなた自身も、あわてず、日々をゆったりすごすことを心がけましょう。もし、あなたに心の余裕がないときは、患者のしていることを見守るだけでもかまいません。安心感を与える態度だけでもよいのです。

なお、会話のテンポを急に落としてゆっくりしゃべると、子ども扱いされたような気になって本人は傷つきます。答えが返ってきていないのに「もういいです」と話を切り上げたりするのもNGです。いずれも症状の悪化にもつながりかねませんので、気をつけましょう。

パニック時の接し方と声かけ

原因を聞き取り、一緒に考える

認知症の人がパニック状態になったときは、心の中が一杯になってしまい、他人の話が耳に入らなくなります。何を言っても通じない状態です。

ですから、まず落ち着かせることが大切です。パニックになってしまった原因を把握するために、「一緒に考えよう」となだめ、何に困っているのかを聞き取りましょう。

本人の思い込みやかんちがいが原因であるケースが多いのですが、それを指摘すると意固地になって怒鳴りはじめたり、会話をいやがるようになったりします。

重要なのは「事実」ではありません。心を埋め尽くしている不安を把握し、それを取り除いてあげることです。

昔の記憶が思い出されて、娘や息子のお迎えに出かけようとすることもあります。そんなときは、事実を指摘せずにやさしく声をかけましょう。

たとえば、昔の記憶がよみがえって「早く子どもを迎えに行かなくては」と思い込み、家を飛び出そうとすることがあります。

このとき、**大きな声を出したり、力づくで止めようとしたりしてはいけません。**「もう帰ってきていますよ」「今日はお休みでしたよ」など、不安を解消できるような言葉をかけるのもひとつの方法です。

ときには、一緒に迎えに行くふりをして出かけてみて、ゆっくり散歩をしながら別の話をするのもよいかもしれません。

パニックをしずめるには、できるだけ事情を聞き取ったうえで、寄り添うような態度で接するのがいちばんなのです。

患者本人に対するNGな声かけ

大声で頭ごなしに否定しない

同じ話をくり返しされたり、たびたび探しものをはじめたりするのを見ていると、ついつい「もうわかった！」「何をやっているの！」と大きな声を出してしまいがちです。

ただ、**本人は、どうして怒鳴られたのかがわかりません**。言われた内容を理解するのにも時間がかかり、理解できたとしても「自分はダメだ」と強く責めてしまいます。内容が理解できない場合は、「なぜ自分のことをわかってくれないのか」と感じ、不満がつのります。

何気ない日常会話ができているうちは、どんなにイライラしても、同じトーンで返答をしましょう。無視するのもNGです。

認知症の人の言動を責めてはいけません。本人は叱られたことに落ち込んで、自分を責めてしまいます。

認知症の人にかけてはいけない言葉はたくさんありますが、ここでは4つの方向性で紹介します。最低限これだけは覚えておきましょう。

①否定する言葉「ダメだ」「ちがう」「おかしい」

②強制する言葉「〜しなさい」「〜しないで」

③急かす言葉「まだ？」「早くして」

④自尊心を傷つける言葉「こんなこともできないの？」

そのほか、本人が行動に手間取っているときに、何の説明もせずに一方的に手伝ったり、勝手にやってしまったりするのも、やる気をそぐのでやめましょう。

相手は子どもではありません。できないと決めつけてはいけないのです。

基礎知識

認知症の人が見ているもの・見えないもの 屋内

視野が狭くなり色もぼやけてくる

認知症になると、色彩がぼんやりとしてきて、もやがかかったような状態でものを見ています。そのため、健常者ならはっきり見える段差や、くすんだ色の家具などは見えづらく、転倒したりぶつかったりします。

視界も狭くなります。「こちらからは見えているのに、認知症の人には見えていない」ため、屋内外を問わず人との距離が近づくときは気をつけてあげましょう。腰も曲がってきますので、**家の中に貼り紙をするときは、目線の高さに合わせる必要があります。**

こうした視覚情報の不足は、脳の機能の低下につながります。症状が進むと目の焦点が合わなくなってうつろな目つきになったり、反対に目つきがきつくなったりします。

また、空間の認識能力が衰えると、見えていても部屋の位置関係がわからなくなり、まったく見知らぬ場所のように感じたりするのです。まれに、子どものころに過ごした家の記憶がよみがえり、そこで過ごしているようなそぶりを見せることがあります。**頭ごなしに否定せず、どういう家だったのかを聞き出す**のもよいかもしれません。

幻覚や幻視も、認知症の症状のひとつです。これは実際に見えているわけではなく、脳の機能の衰えによって、「そこに虫がいるはずだ」などと思いこんでいる状態です。

認知症が進行している場合は、虫を追い払うようなしぐさをして見せて、本人に話を合わせてあげるのがよいかもしれません。

レビー小体型認知症の幻視

小さな虫が布団の上をはい回っている、そこにいるはずのない人が立っているなど、存在しないものが見える状態を「幻視」といいます。多くのレビー小体型認知症の患者にこの症状が現れます。

幻覚のほかにも、亡くなった人の声が聞こえる（幻聴）や、近くにない食べ物の匂いがする（幻臭）、誰かに触られた感触がある（幻触）などの知覚症状（幻覚）が現れることもあります。

また、レビー小体型認知症では、車が生き物に見えたりする「錯視」が起こることもあります。家族にこのような症状が出ると最初はドキッとしますが、落ち着いて対応しましょう。

基礎知識

認知症の人が見ているもの・見えないもの 屋外

見知らぬ街を歩く感覚

認知症の人は、家から外に出たとたん、そこがつねに知らない場所だと思えてしまいます。これまで何度も歩いた道でも、目印となるような建物を忘れてしまい、色合いも過去とちがって見えるため、まったく知らない場所だと感じてしまうのです。

本人は、大きな不安を感じるため、出歩くのを嫌がるでしょう。しかし、**あなたと一緒に歩ける機会をつくれば、このような症状があっても前向きになれるかもしれません。**

たとえば、並んで一緒に歩きながら、「こんなところに公園があるね」「あの角を曲がると、何があるかなあ」などと、街歩きとして楽しんでもらうような声かけをします。

認知症が進行すると、前後左右の方向が認識できなくなります。自分がどこに向かって

認知症の人の体力を維持するためにも、家族は付き添って一緒に外出しましょう。方向感覚がなくなっている場合も、本人の見えている世界を尊重することが大切です。

いるのかが把握できなくなり、さらに時間の感覚が失われてしまったら、一人で出歩くことはやめたほうがよいでしょう。

外へ出るときは必ず付き添うようにします。ただ、進む方向をまちがったとしても、正しい方向を教えるのはやめましょう。認知症の人は教えられても覚えられず、かえってストレスを抱えてしまいます。

注意したいのは、ちょっとした坂道や階段などが見えずにつまづいてしまうこと。こういう経験をすると、認知症の人は急に危険な場所だと思い込み、立ちつくしてしまうようになります。

「外に出たくない」と言いはじめて引きこもると、体力の衰えにつながります。

基礎知識

症状として起こる問題行動の種類

周囲の人を巻き込む可能性も

認知症の症状が進んでいくと、いくつかの問題行動が表れることがあります。ことの次第では、本人や家族だけでなく近所の人たちも巻き込んでしまいかねないので、きちんとした対応が必要です。また、日常生活でのもの忘れなどに比べて、問題行動は家族の負担も大きくなります。一定の覚悟とともに、周囲への呼びかけやＳＯＳの発信も必要です。

もちろん個人差があり、いつも誰にでも見られるわけではありません。そのため、何でも先回りして規制するような態度を見せると、本人のやる気や自尊心を傷つけてしまいかねません。接し方や声かけと同様に、何が起こるのかを知ったうえで対応しましょう。

問題行動は、大きく次の3つです。

①徘徊行為

認知症の人の多くで見られる行動です。家族にとってはもっとも気をつかい、介護疲れにつながりやすい行動です。

②暴力的な行為

暴言と暴力のふたつがあり、家族がケガをする危険もあります。

③排泄などの不潔行為

大便、小便などが気にならなくなり、トイレ以外の場所で排泄をすることもあります。

家族にとっては、気が休まらない問題行動ですが、それぞれに理由があり、少しでも理解できれば、患者に対するマイナスな感情もやわらぎます。

認知症のさまざまな症状

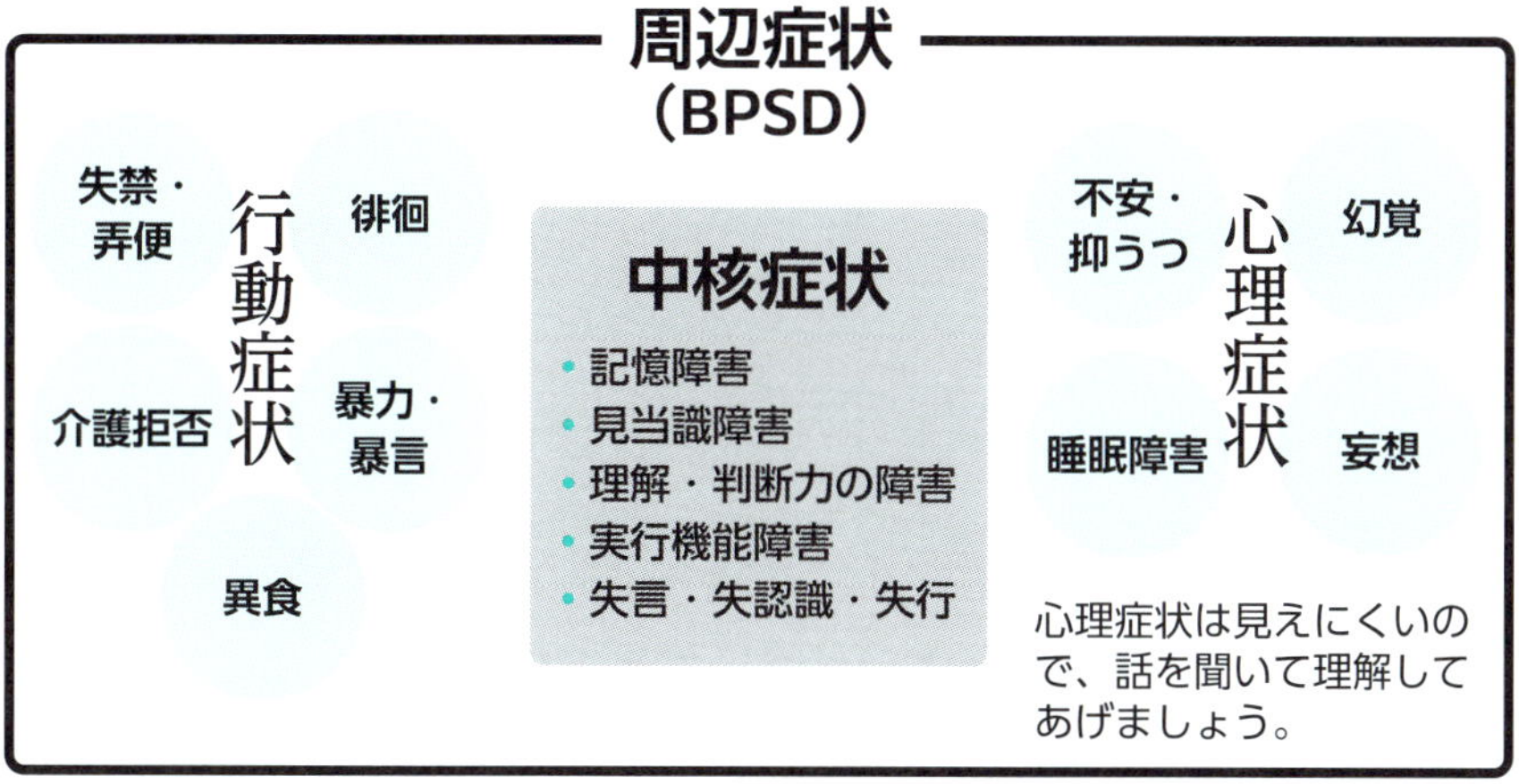

問題行動①　徘徊行為への対応

道がわからなくなることで徘徊に

認知症の人の徘徊行為は、ただ歩きまわるのが目的ではなく、本人が目指したい行き先が存在し、そこに到達できずに迷子になってしまった結果というケースがほとんどです。たとえば、朝食後に「会社に出かける」と言い出して、定年退職した会社に出勤しようとしたり、夕方になって「家に帰らなくちゃ」と、昔住んでいた家に戻ろうとしたりと、外に出る理由が現実的でないことも多く、この時点で手が打てる場合もあります。出かけようとしていたら、理由を聞いたうえで「今日は会社が休みだよ」とか「もう遅いから、明日になったら帰りましょう」と提案して、落ち着かせてみましょう。

徘徊を防ぐには、なるべく一緒に出歩くのがいちばんですが、そうもいっていられませ

家族が外出時に付き添いきれない場合は、見守りGPSを活用しましょう。もしものときもすぐにかけつけることができます。

ん。**見守りＧＰＳのような、アプリと連動した機器を活用するのが有効です。**厚生労働省の推進している徘徊見守りＳＯＳネットワークに登録しましょう。

また、衣類には名前と連絡先を記した名札を縫い付けます。

外出しようとするのを力づくで止めたり、カギをかけて出られなくしたりすると、閉じ込められたと思って、恐怖や不安を感じさせます。

それよりは、**ドアに音が鳴るセンサーを付けるなどして、家族が気づけるようにする**ほうがよいでしょう。そのうえで、やさしく引き留めたり、一緒に外出して適当なところで戻ったりするのがベターです。

問題行動②暴力的な行為への対応

感情を抑えられなくなるのが原因

認知症の人が暴言を吐いたり暴力をふるったりするのは、やりたいことができなかったときがほとんどです。ほかにも、誰かに手伝ってもらう状況になったときに自分が情けなく感じたり、注意を受けたことへの反発心が生まれたりして、行動につながります。

暴力的な行為の原因は、感情が抑えられなくなるからです。「感情失禁」と呼ばれるように、理性が働かず、がまんができない状態になっているのです。

暴言や暴力は、身近にいる人へと向かいます。たまに会う家族には、いつもどおりの平穏な表情を見せたりします。特定の人を憎んでいるわけでなく、もっとも感情を吐き出しやすいからだと理解しましょう。

暴力的な行為は、蓄積したストレスを発散しているともいえます。周囲から隔絶されたような不安、孤独を感じたり、できていたことができなくなってイライラをつのらせたりした結果なのです。体の不調があったりして、うまく説明できずに他人に当たり散らすこともあります。

この対処法として、まず知っておきたいのは、**その人ごとに暴力的になる場面が決まってくることです。どういうきっかけで暴言や暴力が出てくるのかを見極めましょう。**

たとえば、いつもシャツのボタンがはめられないときに怒り出すなど。場面がわかっていれば、そうなる前に、穏やかに本人の調子に合わせていくことができます。感情の高ぶりを手前で食い止められれば、暴言や暴力は起こらなくなるはずです。

認知症の人の暴力的な行為は、やりたいことができなかったときに起こります。
傾向を見極め、穏やかに代替案を示せば怒りの衝動をしずめられます。

問題行動③ 排泄などの不潔行為への対応

不快感に気づいてあげる姿勢で

軽度の認知症の場合に、トイレに向かう途中で経路がわからなくなり出してしまったりすることがあります。使用済みのオムツを外したままで放置したり、汚れた下着をそのままタンスにしまったりするのは、恥ずかしさを隠そうとしている状態です。

このとき、**注意をしたり問いつめたりするのはＮＧ**です。静かに片づけて、しばらく時間をおいてから、「何があったの?」と声をかけ、本人の言い分に耳を傾けることが大切です。トイレが近くなるとどうなるかを聞けば、対処できる可能性も生まれます。

そもそもこうした行為は、不快感を避けるために行ったと考えるほうがよいでしょう。便意があって我慢できないためにその場でもらしてしまった。その便が下着の中にあると不快なので外に出した。そう考えれば、本人の不快感に早めに気づいてあげられるようになるでしょう。

大便などをいじる行為を弄便《ろうべん》と呼びますが、これは介護をする家族がもっともショックを受ける問題行動でしょう。ある家庭の話で、認知症の母親が急須に大便を詰めていたという例がありました。

重度の認知症になると、嗅覚がにぶくなります。便の臭いが気にならなくなり、汚いものということも理解できなくなります。便意をもよおしたらトイレに行くという一連の動作がつながらなくなり、その場で出してしまうのです。

このような状況になれば、本人より家族の心理状態を優先しましょう。**ためらわずに、訪問介護のスタッフに相談するなどして、次の段階に進むべき**です。

トイレ以外で排泄を行うケースが出てきたら、家族で対応するのではなく専門家に頼りましょう。

心構え

患者会や家族会に参加して悩みを相談する

誰もが認知症とは初めて出会う

認知症との出会いは、多くの人にとって初めての体験でしょう。「ボケ」や「痴呆」と表現されていた時代にくらべれば、社会の理解は進んでいます。ただ、本やテレビなどを通して知識を得ても、体験しなければわからない悩みや苦労がつきまといます。実際、介護疲れで体調を崩す人を何人も見てきました。

認知症の人との付き合い方を追体験する意味でも、各地に存在する**患者会**や**家族会**には参加することをおすすめします。

多くの会が誰にでも門戸を開いており、気軽に参加できます。こうした場所で悩みを聞いてもらい、アドバイスをもらえば、あなたの心の安定にもつながります。

患者会や家族会は、地域包括支援センターや病院が主催している場合もあれば、NPO法人やボランティア団体によって運営されていることもあります。規模はまちまちですが、基本的には十数人ほどが定期的に集まって意見交換を行い、出入りも自由というところがほとんどです。堅苦しくなく、ざっくばらんなお茶の会といった趣です。

なかには、「**認知症カフェ**」という名目で、お茶会としての集まりをメインにしているケースもあるので、この名称でインターネットを使って調べてみるのもよいでしょう。

また、病院や地域包括支援センターなどでは、認知症を専門に診ている医師などの講演会を開いていることもあります。

認知症の人と家族の会

認知症家族の親睦やストレス軽減を目的とした全国的な組織「認知症の人と家族の会」があります。歴史は古く、1980年に京都で「呆け老人をかかえる家族の会」としてスタートして、現在は47都道府県に支部があり、会員数は9000人を超えています。活動の内容も多岐にわたり、介護者や認知症の人自身が参加して体験談を語り合う会のほか、会報の発行、電話相談などがあります。住んでいる地域の支部に連絡して申し込んでみましょう。

参加する前に電話相談ができるので、現状や悩みごとを聞いてもらうのがおすすめです。

知っておくと安心！ワンポイントアドバイス④

もしも行方不明になってしまったら

目を離したすきに出かけてしまい、そのまま行方不明になってしまうことも、まったくないとは言えません。まずは徘徊対策のために近所へ告知しましょう。認知症を恥じていると、命に関わります。

認知症の人は高齢者であっても驚くほど健脚であることが多く、何キロもの道のりを数時間かけて歩いたりします。すぐに見つからない場合は、広範囲な捜索が必要です。

そのような場合は、見守りSOSネットワークなどを通して、警察に連絡してもらいましょう。ネットワークに登録していなければ、自分で警察に連絡し、捜索してもらうことになります。また、自治体の防災無線・放送も有効です。

捜索で重要な手がかりとなるのは服装です。大切な人が、日ごろからどのような服を着ているのかを心に留めておくようにしましょう。

近所の人にも助けてもらえます

PART 4

介護生活の進め方

フローチャートでわかる!

認知症の介護がはじまったらやるべきこと

ひとりで生活できないと判断されたときから介護がスタートします。

認知症が進行する(軽度)

↓

介護の方針を家族で話し合う(家族会議)

認知機能の衰えが目立つようになってきたら、家族で再度話し合いをします。どういった介護をするかや介護費用の負担割合などを具体的に決めましょう。とくに、本人の資産はこの段階で把握します。居宅介護から施設介護に移行するタイミングなども、事前に決めましょう。

認知症の人の資産を把握 費用分担を決める

↓

要介護認定を申請

介護保険を利用するために、要介護認定を申請します。地域包括支援センターと相談しながら、書類を用意しましょう。その後、担当職員による訪問調査を受けます。本人の様子をよく見て、普段と変わりないかをチェックしましょう。家族も認知症の人の状態を正直に伝える必要があります。

↓

要介護度が決定

任意後見の検討　**家族信託の検討**

手続きは専門家に任せるのですが、制度の概要は頭に入れておきましょう。

↓

介護保険を使ったリフォーム・福祉用具のレンタル

住まいのリフォームができます。ただし、介護保険が適用される場所や支給額の上限があるので、慎重に検討しましょう。福祉用具のレンタルをする場合も、ケアマネジャーと相談してから決めましょう。

ケアプランの作成・交付 居宅介護サービスの申込み

要介護度が決まったら、ケアマネジャーを選んでケアプランを作成します。要介護度によって介護保険の支給限度額が決まるので、どのような身体介護、生活支援、リハビリテーションが必要かを考えましょう。

認知症がさらに進行する（中等度）

法定後見の検討

認知症の人の財産管理は、本人の認知能力があるうちに方針を決めておくべきです。ただ、事前に伝えるのが難しい場合は、ここで法定後見を検討します。

ショートステイの活用 ＝ デイサービスへの誘導

症状が進んで、家でひとりで生活していくことが難しくなってきたら、デイサービスを開始します。ケアマネジャーと相談して業者などを選びましょう。家族の用事や介護疲れに対応するため、ショートステイも活用します。

施設介護へ

排泄の問題などが出てきたら、在宅介護から施設介護に切り替えます。この段階では、本人の認知機能がかなり衰えているため、家族の意向で決定します。家族全員の意見が一致しないとトラブルの原因になるので、注意が必要です。

介護準備

家族内の役割分担を明確にする

キーパーソンが連絡窓口

認知症による介護をはじめるにあたって、まずは家族で話し合う必要があります。家族の中での役割分担を決めるとき、もっとも大切なのは**キーパーソン**です。病院やケアマネジャーなどとの連絡窓口となり、そこから他の家族への連絡や相談は、このキーパーソンが行います。

対外的には、認知症の人に代わってさまざまな手続きを進めます。たとえば、介護保険の認定申請や、病院の診療付き添い、入院などの手続き、認知症の人や介護にかかるお金の管理など、多岐にわたって重要な役割を担います。

介護保険の認定申請では、「緊急連絡先」の欄に、キーパーソンの住所や電話番号などを記載しましょう。

いちばん近くにいる人が介護の中心に

では、キーパーソンは誰にすべきでしょうか。

結論からいえば、「日常的に本人と連絡がつき、ほかの家族にも連絡しやすい立場にいる人」です。長男や長女である必要はありません。

キーパーソンを中心として、家族会議で決めておきたいのは、介護の役割分担です。遠く離れた場所で暮らす家族は、切迫感がなくなりがちで、どうしても温度差が生じます。ホームヘルパーに頼むにしても、家族だけで世話をしていくにしても、誰が、いつ、どのような形で世話をするのか決めなければいけません。

さらに、介護にかかる費用については必ず決めましょう。**基本的には、介護される本人の預貯金でまかなっていく**はずです。ただ、離れた場所に住む子どもが通って世話をするような場合、交通費や食費をどこから出すのかは決めなければなりません。

近くに住む家族がいない場合は、キーパーソンの役割を代行してくれるサービスもあります。地域包括支援センターに相談してみましょう。

介護準備

家族内の費用分担も明確にする

まずは認知症の人の預貯金を把握する

介護期間が何年くらいあり、費用の合計がいくらになるか――。これは誰しもが気になるところです。一般的な介護期間は6〜7年で、在宅の場合の介護費用は1カ月で5万円ほどといわれています。

介護にかかる費用は、本人の財産、つまり年金や預貯金でまかなっていきます。ということは、本人の預貯金額を早めに把握しておかなくてはなりません。認知症の症状が進む前に、本人に聞いてみましょう。

また、将来にわたってずっと在宅で介護し続けるとは限りませんので、施設に入ることも想定して、そのための費用を残しておかなくてはなりません。

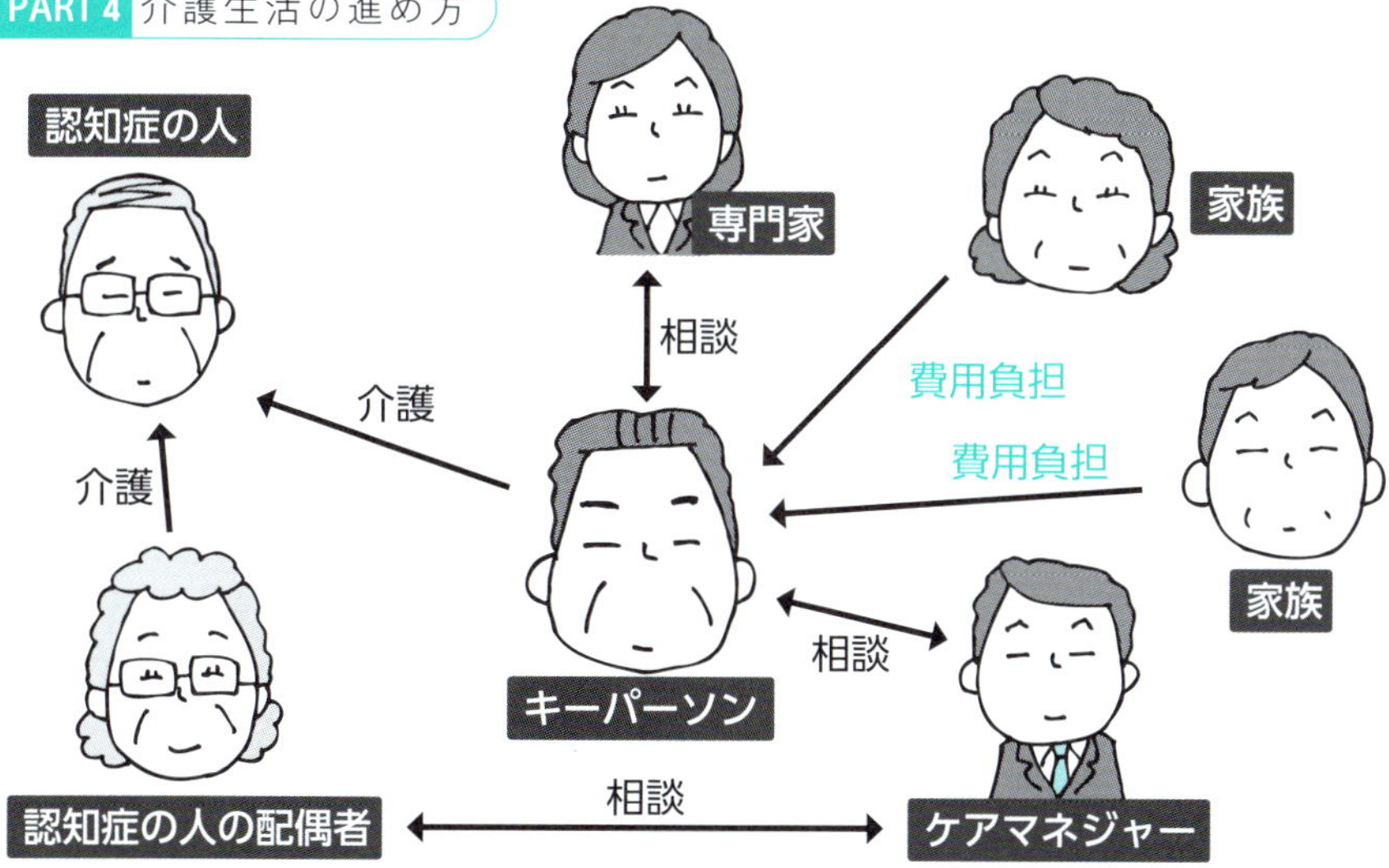

年金や預貯金が少なければ、家族で費用を分担することになります。このとき、**人数で頭割りするのではなく、実際に誰がどのような介護負担をするかを決め、その負担に応じた金額にすると、不満が出にくくなります。**

なお、在宅介護やさまざまな手続きに関わることができない家族がいる場合も、毎月いくら負担するかをしっかり決めておきましょう。

費用分担が決まったら、キーパーソンが認知症の人の通帳をあずかります。月単位で収入と支出をチェックしながら、季節に1回は別の家族に残高の報告をしましょう。

介護にかかる費用の取り決めや残高チェックの方法は、書面で残して家族全体で共有しておきましょう。

「お金の話はあとまわし」「話さなくてもわかるだろう」とタカをくくると、トラブルが起こったときに家族がバラバラになってしまいます。

手続き

サービスを受けるために要介護認定を申請する

申請書を自治体の窓口に提出

認知症の症状が進み、公的な介護サービスを受けるときは、要介護認定を受ける必要があります。まず、要介護認定の申請書や保険証（65歳以上は介護保険証）などが必要です。申告書には主治医名も記載し、自治体の窓口に提出します。

申請書を提出すると、自治体の担当職員が自宅などを訪れて、聞き取り調査を行います。このときは、**できるだけ普段と同じようにふるまうようにしましょう**。本人は、ついつい「私は大丈夫」と普通に思われたくなるのですが、それでは正確な判定ができなくなります。家族が横について、質問には正確に答えましょう。

また、自治体は主治医に連絡し、意見を聞きます。

訪問調査と主治医の意見を合わせて、コンピュータによる一次判定が行われます。

その後、介護認定審査会による二次判定が行われ、どのくらいの介護が必要か（要介護度）が決まります。非該当、要支援（2段階）、要介護（5段階）、計8段階のいずれかになります。

非該当は、「日常生活を自分で行うことができ（自立）、介護保険でのサービスは必要なし」という判定で、受けられるサービスが制限されます。

判定結果に不満がある場合は、介護保険審査会に不服申立てができます。また、症状が進んだ場合、区分変更申請を行うこともできます。

要介護認定で必要な書類

- □ 申請書（市区町村の窓口またはホームページからダウンロード）
- □ 介護保険被保険者証（65歳以上）
- □ 健康保険被保険者証（64歳以下）
- □ 印鑑（本人以外が申請を行う場合）
- □ マイナンバーカード（または通知書）
- □ 身分証明書（顔写真つきのもの）
- □ かかりつけ医の診察券など（主治医の情報が確認できるもの）

申請書の記載見本

介護保険（要介護認定・要支援認定 要介護更新認定・要支援更新認定）申請書

〇〇市（町村）長　様
次のとおり申請します。

申請年月日　令和　年　月　日

被保険者	介護保険被保険者番号		0000000000	個人番号			
	医療保険	保険者名	〇〇市	保険者番号	0000000		
		被保険者証	記号	00000	番号	00000	枝番 000
	フリガナ		〇〇〇〇　〇〇〇〇	生年月日	明・大・昭 〇〇年 〇〇月 〇〇日		
	氏　名		〇〇　〇〇	性　別	男・女		
	住　所		〒〇〇〇－〇〇〇〇 〇〇県〇〇市〇〇 電話番号 〇〇〇－〇〇〇〇－〇〇〇〇				
	前回の要介護認定の結果等	*要介護・要支援更新認定の場合のみ記入	要介護状態区分 1 2 3 4 5　要支援状態区分 1 2				
			有効期限 平成・令和 〇〇年 〇〇月 〇〇日から令和 〇〇年 〇〇月 〇〇日				
		※14日以内に他自治体から転入した者のみ記入	転出元自治体（市町村）名［　　］ 現在、転出元自治体に要介護・要支援認定を申請中ですか。 （既に認定結果通知を受け取っている場合は「いいえ」を選択してください）　はい・いいえ 「はい」の場合、申請日 令和　年　月　日				
	過去6月間の介護保険施設、医療機関等への入院、入所の有無 有・無		介護保険施設等の名称等・所在地	期間　年　月　日～　年　月　日			
			介護保険施設等の名称等・所在地	期間　年　月　日～　年　月　日			
			医療機関等の名称等・所在地	期間　年　月　日～　年　月　日			
			医療機関等の名称等・所在地	期間　年　月　日～　年　月　日			

提出代行者	名　称	該当に〇（地域包括支援センター・居宅介護支援事業者・指定介護老人福祉施設・介護老人保健施設・指定介護療養型医療施設、介護医療院） 〇〇〇〇（長男）
	住　所	〒〇〇〇－〇〇〇〇 〇〇県〇〇市〇〇 電話番号 〇〇〇－〇〇〇〇－〇〇〇〇

主治医	主治医の氏名	〇〇〇〇	医療機関名	〇〇〇〇病院
	所在地	〒〇〇〇－〇〇〇〇 〇〇県〇〇市〇〇 電話番号 〇〇〇－〇〇〇〇－〇〇〇〇		

第二号被保険者（40歳から64歳の医療保険加入者）のみ記入

特定疾病名	

介護サービス計画の作成等介護保険事業の適切な運営のために必要があるときは、要介護認定・要支援認定にかかる調査内容、介護認定審査会による判定結果・意見、及び主治医意見書を、〇〇市（町村）から地域包括支援センター、居宅介護支援事業者、居宅サービス事業者若しくは介護保険施設の関係人、主治医意見書を記載した医師又は認定調査に従事した調査員に提示することに同意します。

本人氏名

※本人の住所氏名、提出代行者（家族）の住所氏名、主治医などの記載とともに、疾病について記入する場合もあります。

納得できない場合は審査のやり直しを

認知症の状態は日によって差があります。想定していた認定結果と異なると、受けられないサービスが出てきます。これでは家族が困ります。

そういうときは、書面か口頭で不服申立てを行うことができます。**認定結果を受け取ってから3カ月以内が期限**ですので、ケアマネジャーと相談しましょう。

不服申立てが認められると介護認定が取り消され、あらためて認定の審査からはじめます。すべての結果が出るまでに、数カ月かかることもあります。

そのほか、不服を申し立てる以外にも、認定区分の変更を申請する方法があります。こちらのほうが早く結果が出ます。どの方法をとるにしても、ケアマネジャーに相談し、メリットやデメリットを理解してから進めるようにしましょう。

手続き

居宅介護サービスに申し込む

サービス事業者選びは重要

介護認定を受け、在宅で介護を行うと決めたら、自治体や地域包括支援センターなどで居宅介護サービス事業者の連絡先リストをもらって、検討します。情報をしっかり集め、本人にとって有益なサービスを提供できる業者を選びましょう。

居宅介護サービス事業者を選ぶ際のポイントは、次の3つです。

①事業規模が大きく、自宅から近いか

②ケアマネジャーが所属する事業所でなくてもよい

③口コミや実際に会ったときの印象も参考に

人と人の関わりになるため、話しやすさや頼みやすさなどの相性も重要です。また、口

居宅介護サービスでできること

検討・相談して決める

利用者　家族

ケアマネジャー

訪問型サービス

- 訪問介護
- 訪問看護
- 訪問入浴
- 訪問リハビリ など

通所型サービス

- デイサービス
- デイケア(リハビリ)
- ショートステイ(宿泊)など

訪問＋通所の複合型

- 小規模多機能型居宅介護
- 訪問看護 など

住環境を整える

- 福祉用具のレンタル
- 特定福祉用具の購入
- 住宅の改修 など

自宅で受けられるサービスは、大きく分けると、①訪問型のサービス、②デイサービスなどの通所型のサービスの２種類です。

訪問型には、ヘルパーが訪問しての食事や入浴、排泄などの身体介護、掃除や炊事といった家事援助、理学療法士によるリハビリなどがあります。通所型サービスには、デイサービス（送迎つき）で行われる、リハビリや入浴などです。

ひとつのサービス事業者のサービスだけではなく、複数のサービス事業者のサービスを別々に利用することも可能です

コミだけで判断せずに、実際に会ってみることをおすすめします。

ケアプランによって介護内容も決まる

サービス事業者が決まると、要介護度に応じた「ケアプラン（介護・介護予防サービス計画書）」が作成されます。

ケアマネジャーが訪問して事前評価が行われたのち、原案が作られます。この原案をもとに、家族も含めた担当者会議が行われます。キーパーソンとなる家族は、症状や生活状況などを、会議で正確に伝えましょう。どのようなサービスが必要か、また可能なのかを話し合ってケアプランが完成します。

ケアプランには、利用者の現状と本人や家族に具体的な要望・意向が記されます。たとえば「入浴を嫌い、ほとんど入浴しなくなった。改善のために自宅で入浴させたい」という要望があれば、訪問介護で「入浴介助」サービスを利用したいという内容が盛り込まれます。

こうした細かな要望に合わせ、受けられるサービスがいくつか書き記されることになります。居宅介護サービスが中心であっても、デイサービスでの機能訓練（リハビリ）が加えられたりすることもあります。

サービスは1～3割の負担

居宅介護サービスにかかる費用は、身体介護が1時間約4000円、生活援助が1時間約2500円。デイサービスは、1回あたり約1万円です。これらを週に何回、何時間利用するかによって変わってきます。

たとえば、身体介護を週に3回1時間ずつ、生活援助を週に1回1時間、デイサービスを週に2回とすると、1カ月を4週と考えて13万8000円になります。**介護保険では所得に応じて1割から3割が自己負担**となるので、1割負担だと1万3800円かかることになるわけです。

居宅介護サービスの自己負担額

	利用限度額	自己負担額（1割）	自己負担額（2割）	自己負担額（3割）
要支援1	5万320円	5,032円	1万64円	1万5,096円
要支援2	10万5,310円	1万531円	2万1,062円	3万1,593円
要介護1	16万7,650円	1万6,765円	3万3,530円	5万295円
要介護2	19万7,050円	1万9,705円	3万9,410円	5万9,115円
要介護3	27万480円	2万7,048円	5万4,096円	8万1,144円
要介護4	30万9,380円	3万938円	6万1,876円	9万2,814円
要介護5	36万2,170円	3万6,217円	7万2,434円	10万8,651円

介護保険を使ったリフォーム①

食卓・リビング

生活歴からリフォームを考える

介護保険によるリフォームは上限が20万円なので、大がかりな改修をするなら、別途費用を用意する必要があります。

認知症の人の生活歴によって、食卓やリビングのリフォーム方法は変わってきます。たとえば毎日料理をつくって食卓に運んでいた人なら、その動線は残しましょう。料理がつくれなくなっていても、**見慣れた空間が変わってしまうと不安になることがあるのです。**

一方で、部屋と部屋に段差があったり、棚が出っ張っていたりすると、転んだりぶつかったりするので調整が必要です。食卓は、本人の座る位置はそのままにして、テーブルや椅子の高さを使いやすいものに変えましょう。症状が進むとテーブルの上が暗く見えてし

認知症の人が普段座る位置は、家族からよく見える場所にしましょう。

まうため、気にしているようなら、色や明るさを調節できる照明を用意しましょう。

リビングは1日の多くの時間を過ごす場所なので、認知症の人専用の居場所をつくりましょう。テレビが好きならテレビが観やすい位置にしたり、横になることが多ければソファーなどを用意したりします。大がかりな模様替えは必要ありませんが、**認知症の人には、家族がいつでも見られる場所にいてもらうような工夫をしましょう。**

また、認知症の人は大きな音に反応することがあります。固定電話や外の騒音には注意が必要です。リビングが道路沿いに位置するなら、二重の窓や防音フィルムを貼ったり、厚いカーテンに変えたりするとよいでしょう。

介護保険を使ったリフォーム②

廊下・階段

床材は用途によって考える

廊下の床は滑りにくい材質に変えましょう。フローリングよりもタイルカーペットのほうが滑りませんが、掃除しづらいデメリットがあります（取替えはかんたんです）。車椅子を使う場合、走りやすいのはクッションフロアです。用途に応じたものを選びましょう。

廊下の照明は、なるべく明るくしましょう。**センサーつきの足元灯があれば、転倒などの危険は少なくなります。**

手すりをつけるときは、手の高さを合わせ、つかみやすい太さになるようにしましょう。また端が切り落とされた手すりは、服の袖がひっかかることがあるため、おすすめし

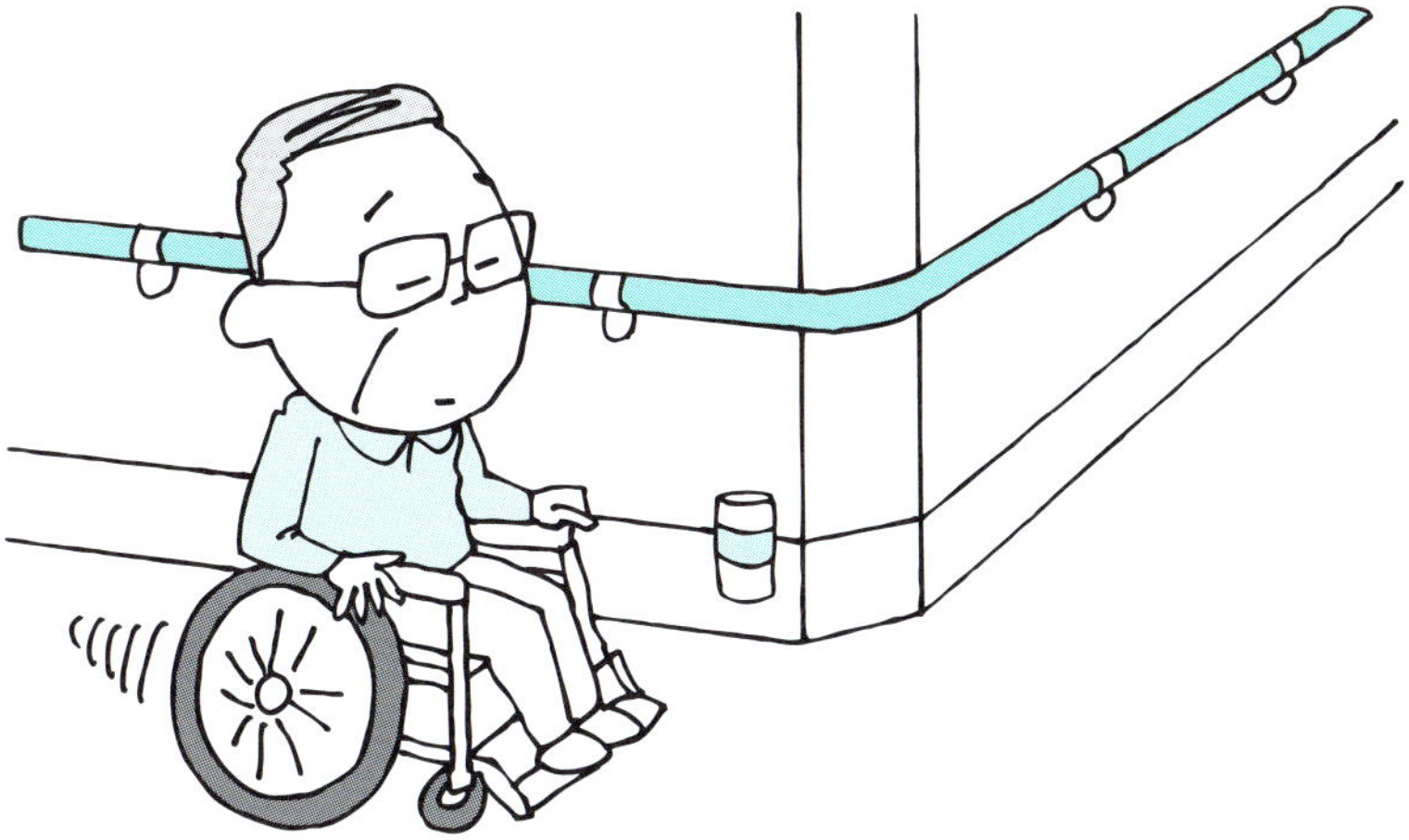

家で車椅子を使う場合は、センサーつきの足元灯で廊下を明るくしたり、手すりの高さを変えたりと細かい配慮が必要です。また、傷がつかないような工夫をしましょう。

ません。

室内で車椅子を使う場合は、廊下の幅よりも10センチ程度幅が狭いものを選びましょう。廊下には床から30センチほどの高さまで幅木を貼り、傷がつかないようにします。

車椅子を使って移動する廊下には、乗り降りするときにつかむ手の高さに手すりをつけるとよいでしょう。

最近の住宅の階段には手すりがついていることが多いのですが、高さが合わないとかえって危険です。登り降りする様子を観察して、合わなければ取替えを検討しましょう。

なお、高額になりますが、階段の踏み板の幅を広くすると歩きやすくなります。

介護保険を使ったリフォーム③

トイレ・風呂

トイレが遠いと不潔行為につながる

トイレ以外での排泄など、不潔行為が起こる原因のひとつに、トイレが寝室から遠いことがあげられます。ひとりでトイレにたどりつけないようなら、トイレの近くの部屋を寝室にしましょう。また、**寝室やリビングからトイレまでの経路に、案内の貼り紙をするのも有効です**。その経路の照明は、24時間つけておきましょう。

便器は白が多いのですが、室内も白いと便器がわかりにくくなります。壁や床は白以外の色を使って、便器を目立たせます。ゴミ箱や交換用のリハビリパンツは、目に入りやすい位置に置き、ウォシュレットの「流すボタン」には、紙を貼って目立たせましょう。

認知症の人が自分で入浴できるなら、脱衣所にもリハビリパンツなどを置けるスペース

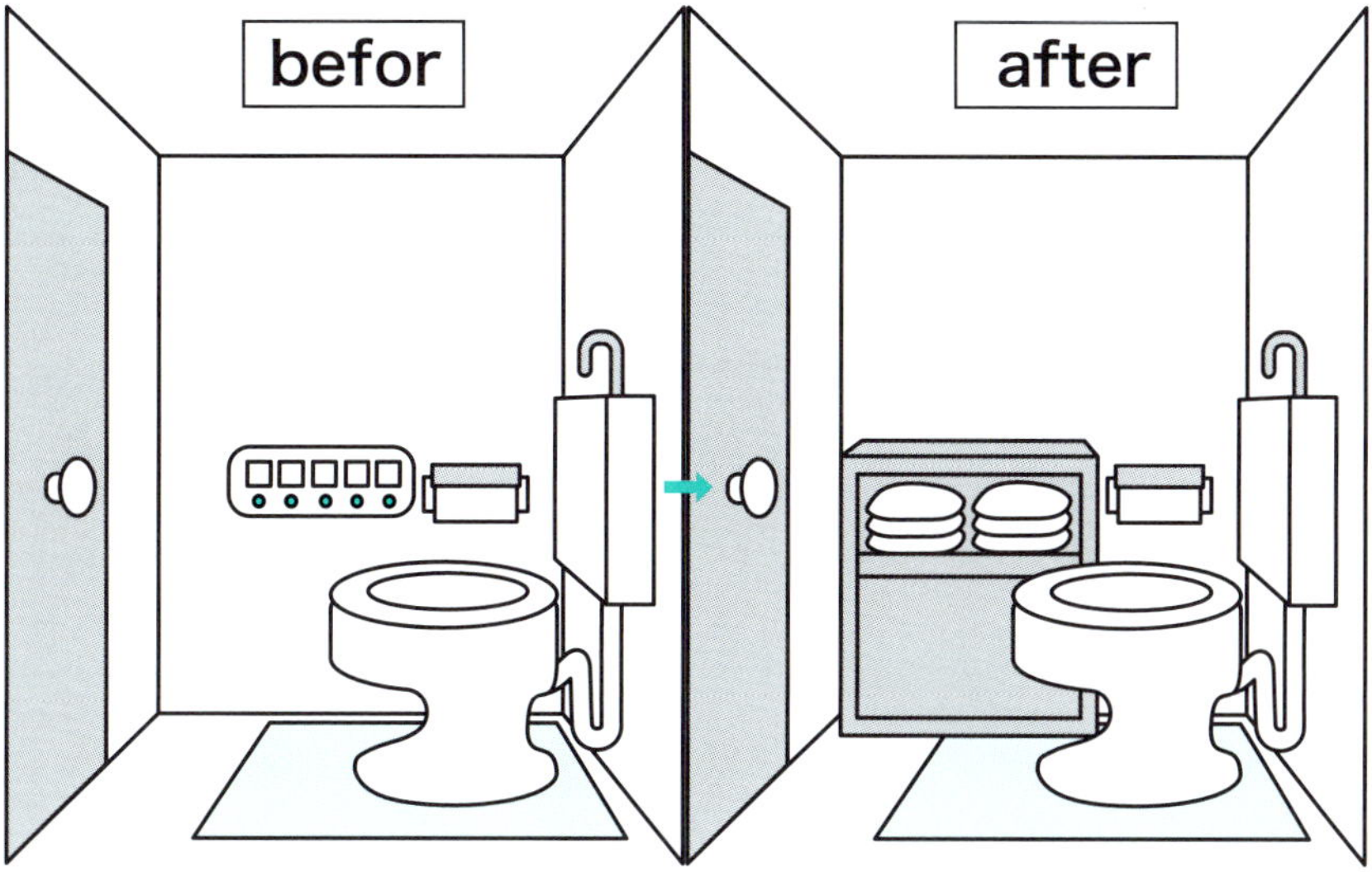

トイレは全体的に白っぽいつくりになっています。床と壁の色分けをしたり、必要なものを見えるところに置いたりして、わかりやすくしましょう。

を確保します。**脱いだ服とこれから着る服がわからなくならないように、入浴したら家族が脱いだ服を片づけるとよいでしょう。**

脱衣所と浴室との段差でつまずくと、転倒の危険があります。すのこ板を設置するなどして段差をできるだけ小さくしましょう。浴室の濡れた床はもっとも危険なので、滑り止めマットを必ず敷きましょう。

冬場は、ヒートショック（脱衣所と浴室の温度差により心筋梗塞や脳梗塞が起こること）の危険性が一気に上がります。

まずは、気温が下がる時間に入浴するのをやめ、脱衣所や浴室の温度を上げましょう。入浴中には一度は声をかけるなどして、様子を確かめます。

介護保険を使ったリフォーム④ 玄関など

色のちがいで歩き道をくっきりさせる

空間認識力の低下によって、認知症の人は玄関ドアの位置や、土間と框《かまち》との段差に気づきづらくなります。段差で転ぶだけでなく、**靴を履いてからドアの位置までの距離がつかめず転んだり、逆にドアで頭を打ったりする危険性もある**のです。

玄関でも、トイレと同様にドアの色や廊下と土間の色にはっきりと差をつけましょう。

床材は、工務店やホームセンターで相談して、滑りにくいものを選ぶと安心です。

徘徊が見られる場合は、玄関ドアの開閉がわかるセンサーをつける方法もあります。外に出てもらいたくないときは、ドアノブに布カバーをつけるなどして、使いにくくする手もあります。

玄関に小さなベンチ状の椅子を置くことで、足腰の負担をやわらげることができます。

足腰が弱ってくると、靴を履いたり脱いだりするのがつらくなるため、小さなベンチ状の椅子を置くといいでしょう。**ベンチ状の椅子は、廊下やリビングでも、靴下を履くときなどに便利**です。こうした小さな工夫と同時に、物を置きすぎたり、靴を脱ぎ散らかさないように心がけましょう。

リフォームするとき気をつけたいのは、それまでの玄関や廊下とがらりと変えてしまわないことです。認知症の人はそうした変化についていけず、他人の家に来たような気分に陥ってしまいます。

もし、玄関をリフォームするなら、すべてを変えるのではなく、見栄えを少しずつ変化させていくのが望ましいでしょう。

手続き

介護保険が使える福祉用具のレンタルを検討

道具で寝たきりを遅らせる

高齢になって体をうまく動かせなくなっても、道具を使いこなせば楽に動けて、不安感もやわらぎます。行動範囲を狭くしないためにも、杖やシルバーカー（手押し車）などは積極的に使わせてあげましょう。

介護保険では、こうした動作を助ける福祉用具のレンタルが可能です。**要介護度に応じた補助があるので、ケアマネジャーと相談しながら導入を検討しましょう。**

このとき気をつけたいのは、あくまで本人の意向を優先するということです。好みもありますし、プライドもあります。家族が勝手に「これを使いなさい」と決めつけるべきではありません。杖はよくても歩行器は嫌だとか、ポータブルトイレは使いたくないとか、人それぞれの細かな要望が出てきますので、しっかり聞きましょう。

福祉用具を導入する際は、カタログを一緒に見ながら「試してみる?」とたずねて、自発的に選んでもらうのが一番です。また、福祉用具が届いたら、「開けてみよう」と楽しそうにふるまい、**用具を使ってできることが増えたら、一緒に喜びましょう**。

もし、使いにくそうにしていたら、「別のものにしてみる?」と声をかけ、新しいものをレンタルすればよいのです。

こうした前向きなやりとりを増やすことは、認知症の人だけでなく、家族の心の安定を保っていくことにもつながります。

レンタルを続けるか購入するかどっちがいい?

同じ福祉用具を長期間にわたって使うなら、レンタルより購入のほうがお得です。とくに、固定用のスロープなどは動く部分に不具合が起こりにくいので、買って調節したほうが長く使えるでしょう。逆に車椅子などは部品を交換する機会が多いため、費用面からレンタルがおすすめです。

最近は、福祉用具を扱う業者が増えており、得意分野を持つ業者もいます。また、安い中古福祉用具もメンテナンスがしっかりしていますが、それぞれの体格や症状に合う用具があるかどうかは、実際に使ってみないとわからないため注意が必要です。

介護保険を活用して手に入る福祉用具のいろいろ

レンタル可能な福祉用具13品目

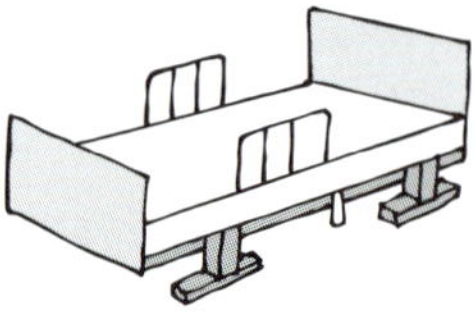

①特殊寝台（介護用ベッド）と
②付属品

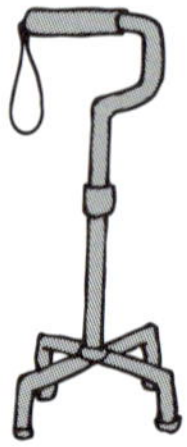

③歩行補助の杖・
ステッキ

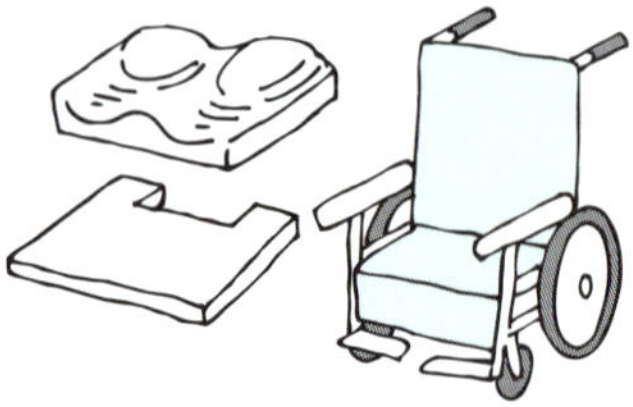

④車椅子と⑤付属品

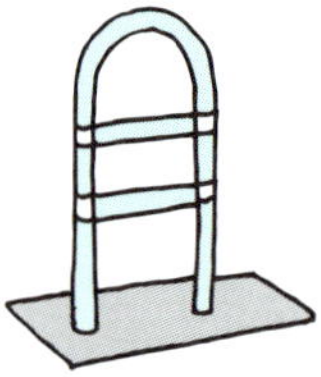

⑥手すり（工事不要のもの）

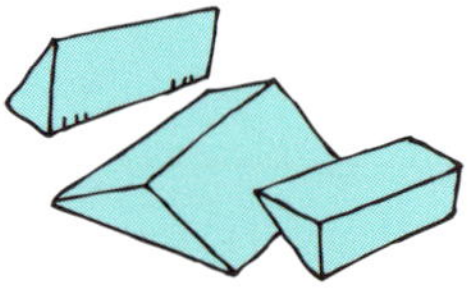

⑦体位変換器

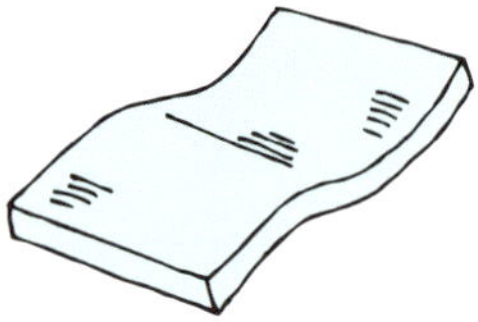

⑧床ずれ防止用具

⑨徘徊感知機器（床置き型
のセンサーなど）

⑩歩行器（固定型、四
輪のものなどがある）

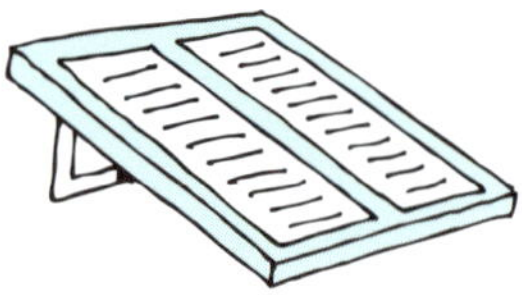

⑪段差を少なくするスロープ
（工事不要のもの）

⑫自動排泄処理装置
（寝たままで排泄で
きるような装置）

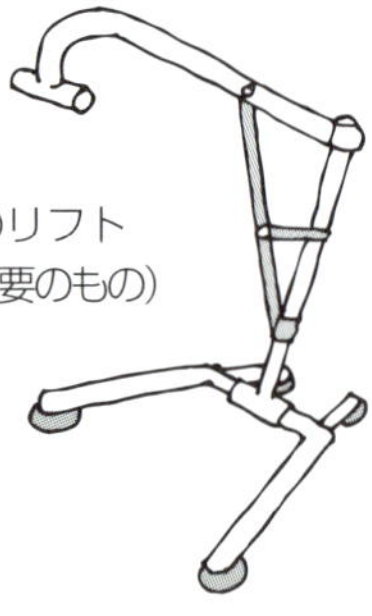

⑬移動用のリフト
（工事が不要のもの）

購入できる特定福祉用具６品目

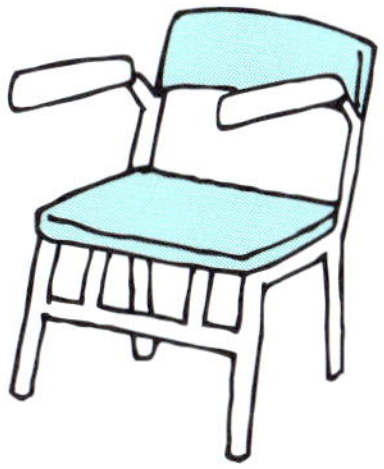

①入浴補助用具（入浴用の椅子や浴室内のスノコなど）

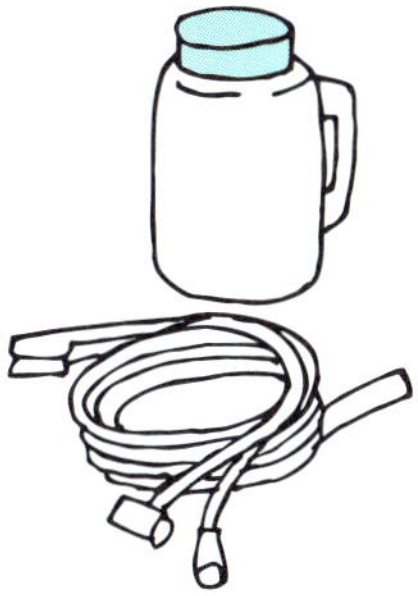

②自動排泄処理装置の交換部品

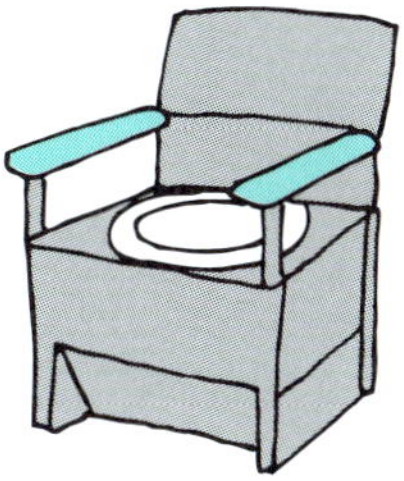

③腰かけ用便座

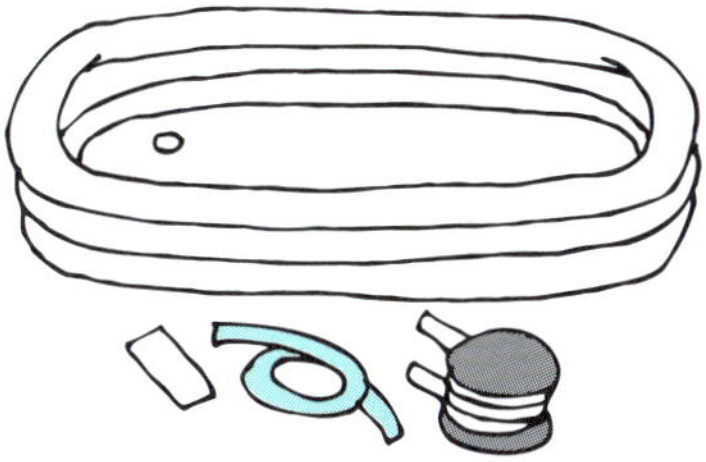

④簡易浴槽

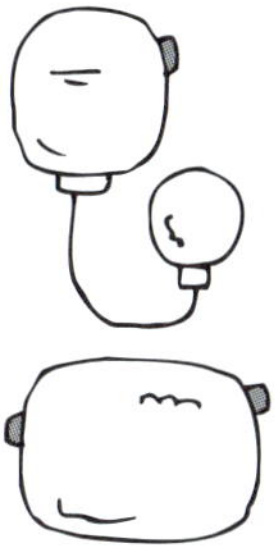

⑤排泄予測支援機器

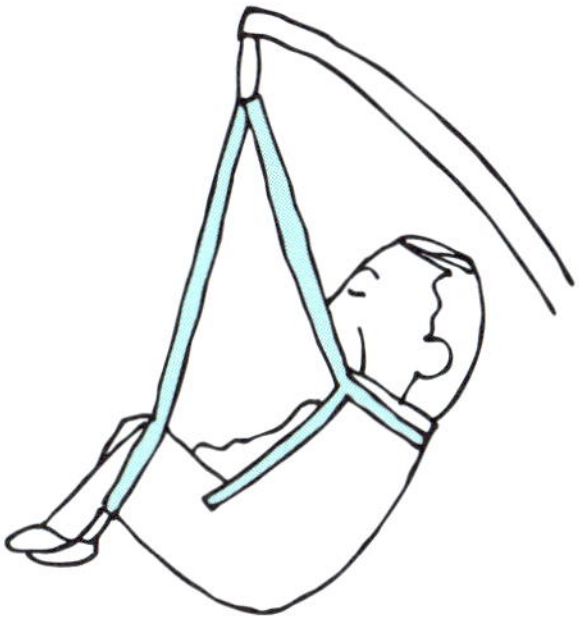

⑥移動用のリフトのつり具

最初はレンタルして、いろいろ試してみるのがよいでしょう。レンタル料の1～3割の負担なので、試して長く使えそうなら購入を考えてよいと思います。また、特定福祉用具は10万円（年間）までは支給、超過した額は自己負担です

ホームヘルパーとの付き合い方

頼めること・頼めないことを知る

認知症の人が家族と同居しているなら、基本的にホームヘルパーによる生活援助サービスは受けられません。ただ、家族が日中に仕事で外出している場合や病気で体が動かせない場合は、利用できる可能性があります。ケアマネジャーと相談しましょう。

なお、**家族と同居している場合のホームヘルパーの生活援助は、認知症の人の食事の調理や洗い物、ポータブルトイレの掃除などです。**家族の食事をつくったり、部屋の掃除をしたりはできないので、気をつけましょう。また、認知症の人がひとり住まいの場合は、食事や入浴のほか、家事全般の援助を依頼できます。

ホームヘルパーに来てもらうことになると、最初はケアマネジャーと一緒に訪れ、あいさつを兼ねてサービス内容を説明してくれます。

認知症の人の生活や、普段あなたがやっていることを思い出しながら、頼みたいことをメモにまとめておきましょう。

本人の意向を優先する

認知症の人は、見知らぬ人が生活空間に入ってくるのを恐れることがあります。ホームヘルパーが、空き巣や泥棒に見えることもあるからです。

入浴介助やおむつ交換は、女性患者なら女性のホームヘルパーが担当するよう配慮されますが、人手不足で男性ヘルパーが女性の介護にあたるケースもあり、サービスを拒否することがあるのです。

人と人との相性の問題もありますが、家族は本人の様子を観察しながら、ホームヘルパーとの関係がよくなるように心がけたいものです。とくに慣れないうちは、サービスは抜きに会話だけでもしてもらい、少しずつ親しくなってもらいましょう。

時間が経っても本人が強く拒むときは、無理強いせずにケアマネジャーと相談のうえ、時間をおいて再度依頼するほうがよいでしょう。

負担が重くなる前にデイサービスへ誘導する

家族のためにもデイサービスは有効

在宅での介護を続けていると、家族の負担は大きくなっていきます。心も体も疲れてしまうので、家族の外出する機会も減っていきます。

そんなときは、デイサービスを活用しましょう。**1週間のうち何度かは、認知症の人と離れて過ごす時間をもつことも大切です。**認知症の人にとっても、「水曜日は外出する」という予定があったほうが気分の切り替えができ、認知症の進行もゆるやかになります。

当初のケアプランになくても、プランを変更してデイサービスに通うことができます。「お試し」のつもりで足を運んでもらい、本人が「行ってもいい」というなら、週に一度からでも通うといいでしょう。

昼食を本人の好みに合わせてくれるところもあり、入浴介助やリハビリも受けられるため、ケアマネジャーに相談しましょう。

デイサービスでは、全員で合唱したり、ゲームをしたりと、集団で過ごす時間がもうけられています。ただ、**輪に加わりたくなければ、個別のメニューを用意してもらえます。**手芸やぬり絵など、本人の趣向が合うものがないか施設に相談しましょう。個別のサービスが受けられない施設もありますので、通う前に確認しましょう。

なお、症状が進んできたら、認知症対応型のデイサービスや医療保険の適用となる重度認知症デイケアへの変更を考慮することになります。

デイサービスを進めるときのポイント

☐ **まずは「知ってもらう」ことから**
本人も家族も何をやるのか知らないことから、「どういうことをやっているか知りたいし、知ってもらいたい」という伝え方がよいでしょう。

☐ **「お試し」であることを強調する**
「まずは見学してみて、よさそうなら考えよう」という話し方で、決定事項ではないことをはっきりと伝えましょう。

☐ **「介護予防」という目的を明確にする**
判断能力があるうちは、介護されることに抵抗感があります。そのため、「介護予防のために通ってみませんか」と伝えるのもよいでしょう。

☐ **行きたくない理由をよく聞く**
家から出たがらない、他人との会話が苦手などの理由を聞いたうえで、説得するほうがよいでしょう。たとえば、「家でじっとしていると足腰が弱ってしまうので」「赤の他人と会話をするほうが脳が活性化します」などです。

介護事業者のよしあしを見極める

データを参照しながらも肌合いを大切に

介護事業者は、地域包括支援センターなどが用意するリストから選ぶため、特徴を知らないかぎり、よしあしの判断は難しいものです。はじめて選ぶならなおさらです。

ただ、**「介護サービス情報公表システム」を使えば、インターネット上で事業所の特徴や規模、大切にしていること、実際のサービスの様子をみることができます。**訪問介護だけでなく施設介護を行っているかどうかもわかるので、サービス変更の際に役立つでしょう。

運営状況は、このサイトのレーダーチャートでおおまかにわかり、利用者の権利擁護、相談・苦情への対応、安全・衛生管理、従業者の研修などの項目に対する評価が数値化されています。

自治体全体としての平均値もあるため、その施設が自治体の中でどのくらいのランクにあるかもわかります。

なお、介護は人が人を相手にやることなので、こうしたデータだけで判断できるものではありません。あくまでも認知症の人に対する**サービスの内容や、サービス以前の気配り・心配り、また相談ごとへの対応などをチェックしながら、判断しましょう。**

これは、自治体や地域包括支援センターの職員、ケアマネジャーなど、関係者すべてにいえることです。どうしても合わない事業者であれば、もちろん変更できますし、認知症の人の態度などから、不安や不快な点があれば感じとることができると思います。

介護サービス情報公表システムのレーダーチャート例

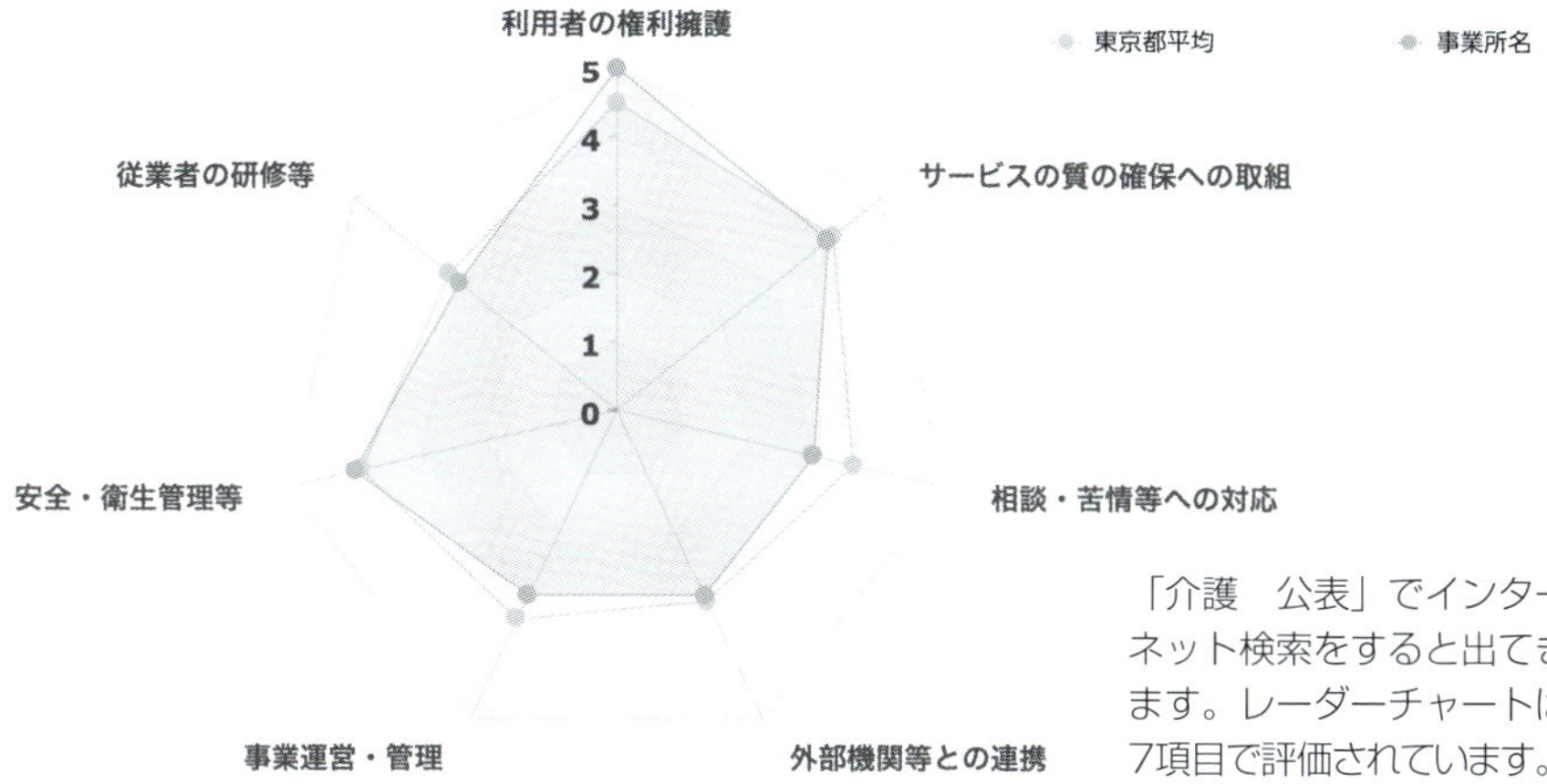

「介護　公表」でインターネット検索をすると出てきます。レーダーチャートは7項目で評価されています。

ケアマネジャーとの相性は重要

ケアマネジャーはかなり多忙

在宅の介護サービスを実施することになると、月に1回以上はケアマネジャーと会う機会が生まれます。ケアマネジャーは、利用者本人の状態を把握する義務があるからです。この機会には家族も同席し、さまざまな相談ができます。サービスへの不満や問題点があれば、遠慮なく申し立てましょう。

ただし、ケアマネジャーは数多くの利用者を抱えています。それぞれの家を回らなくてはならず、提出しなくてはならない書類もたくさんあります。「電話がつながらない」「対応が遅い」という理由だけで「合わない」と判断するのはやめましょう。

見極めるべきは、認知症の人の状況を把握できているか、家族の意向をくみ取ろうとし

ケアマネジャーとの相性が悪いと、介護サービスの満足度が下がります。本人はもちろん、家族に対しても丁寧な対応をしてくれる人に任せましょう。

ているかなど本来の仕事をまっとうしているかどうかです。

どうしても「合わない」と感じるなら、ケアマネジャーの所属する事業所に相談し、交替をお願いしましょう。ここで我慢する必要はありません。

信頼できるケアマネジャーは、次のような特徴があります。

①話をよく聞いてくれて、説明がわかりやすい人

②連絡や対応にムラがない人

③経験が豊富で、複数の提案を示してくれる人

④忙しくても、現場の様子を見ようとする人

①と②の特徴は、「ケアマネジャーから見たよい利用者家族かどうか」でもあります。信頼関係を築くために、心がけるようにしましょう。

ショートステイを利用するタイミング

短期間の宿泊にはショートステイを

突然の葬儀や急な出張などで、家族が介護をできなくなった場合は、ショートステイという方法があります。これは、在宅介護の認知症患者を施設が預かるサービスです。**介護疲れを避けるため、また施設入居を検討する際の体験としてもこの制度が使える**ため、年間約40万人が利用しています。

事前予約が必要で、ケアプランも作成しないといけませんので、まずはケアマネジャーに相談しましょう。

料金は1泊2日で3000円から8000円ほど（施設によって異なる）。介護保険の適用もありますが（1〜3割負担）、連続での利用は30日間まで。年間では90日間まで、という制約があります。

介護保険の適用のないショートステイもありますが、この場合の料金は1万円ほどのところが多いようです。

施設介護に慣れていない患者とその家族が利用することから、施設選びは重要です。また、施設によって利用方法にちがいもあります。下のポイントをチェックして、できれば一度見学してから申し込みましょう。

なお、**介護保険適用のショートステイは、ほとんどが老人施設にスペース（大部屋や個室）を設けて、そこを利用しています。**

ショートステイは人気が高いので、早めに予約しましょう。

ショートステイ施設を選ぶポイント

- □ どのような入居者がいるか
- □ スタッフの対応は丁寧か
- □ 清潔感のある設備か
- □ 患者の具体的な困りごとや注意点への対応が期待できるか（具体的に質問してOK）
- □ 食事メニューは栄養バランスが考えられているか

特別養護老人ホームなどに設けられているショートステイは「短期入所生活介護」、介護老人保険施設などに設けられているショートステイは「短期入所療養介護（医療ケアを含む）」です。

「介護か」「仕事か」その二択で考えない

利用できる制度がないかを確認する

認知症の家族を介護するために仕事を辞める、あるいは介護を断念して施設に入れてしまう、認知症の介護がはじまると、どうしてもこの二択で考えてしまいます。ただ、どちらを選択しても後悔は残ります。まずは、**仕事を辞めずに介護に関わる方法を考えましょう。これが、介護を長続きさせるコツでもあるのです。**

会社の就業規則や、会社が加入している健康保険組合の介護への取り組みを確認します。会社によっては、カフェテリアポイント制度（福利厚生をポイントで提供するシステム）を取り入れていることもあります。その場合、介護施設利用費や介護用品購入費の補助に活用できるかもしれません。健保組合のなかには、介護保険の自己負担分以外を補助してくれるところもあります。

ここで、法律で定められている介護休暇・介護休業についてもおさらいしておきます。**介護休暇とは、短期間の休暇（最長5日間）、介護休業とは、長期にわたる休暇（最長で年間93日）です。**介護休暇は、病院に連れていくなど一時的なケースで活用し、入院中の世話などは、介護休業を活用します。

会社の本音としては、介護のために休みがちになる社員がいるのは好ましくありません。ただ、人手不足の時代でもありますし、「介護をする社員が働きづらい環境」という評判が立つことは避けたいのです。

国は、仕事と介護が両立できる職場環境づくりを行う中小事業主に「両立支援助成金」を支給しています。少なくとも働く側としては、最初からあきらめずに使える制度を可能な限り利用する方向で考えるべきでしょう。

介護休暇と介護休業のちがい

介護休暇

- 入社から**6カ月以上**が経過すると取得できる
- 給料の有無は**会社の規定**による

介護休業

- 入社から**1年以上経過**すると取得できる（ただし申請後93日以内に退職しない）
- 無給となる会社が多いが、**介護休業給付金**がもらえる

手続き

身体障害者手帳などを取得する

申請から数カ月後に交付される

認知症の人は「身体障害者手帳」「精神障害者保健福祉手帳」を取得することも可能です。脳血管性認知症やレビー小体型認知症は「肢体不自由」を伴うことがあるので身体障害者手帳を、アルツハイマー型認知症は「器質性精神障害」に該当すれば精神障害者保健福祉手帳の取得が考えられます。

役所の障害福祉担当の窓口を通して申請することになり、いずれの手帳も医師の診断を受け、治療のための通院を続けて6カ月以上経ってからでなくては申請できません。具体的には申請書に診断書、本人の写真などを付して申請します。

審査を受けて数カ月で交付され、それぞれ症状の重さで、身体障害者手帳は1~6級

（7級に手帳は交付されない）、精神障害者保健福祉手帳は1～3級に分けられます。なお、精神障害者保健福祉手帳の人は2年ごとに更新する必要があります。

嫌なら提示しなくてもOK

障害者手帳を取得すると、経済的な支援が得られます。公共料金の割引、税金の控除や減免などに加えて、老齢年金受給（65歳以上）より前からの障害年金受給が可能となります。

また、受けられる福祉サービスの範囲が広がったり、公営住宅へ優先的に入居できたりします。

認知症の人が「自分は障害者じゃない」と申請を嫌がる場合もあります。無理にすすめる必要はありませんが、「手帳を取得しても、嫌なら提示しなければいいんですよ」と理解してもらうことが大切です。

障害者手帳を持っている人が受けられるサービス

- **国税や地方税の控除または減免**
- **生活支援を目的とする住宅リフォーム費の助成**
- **補装具購入費の助成または支給**
- **医療費負担の軽減**
- **公共交通機関などの運賃や通行料の割引**
- **郵便料金、NHK受信料、公共施設入館料など一部公共料金の減免または無償化**

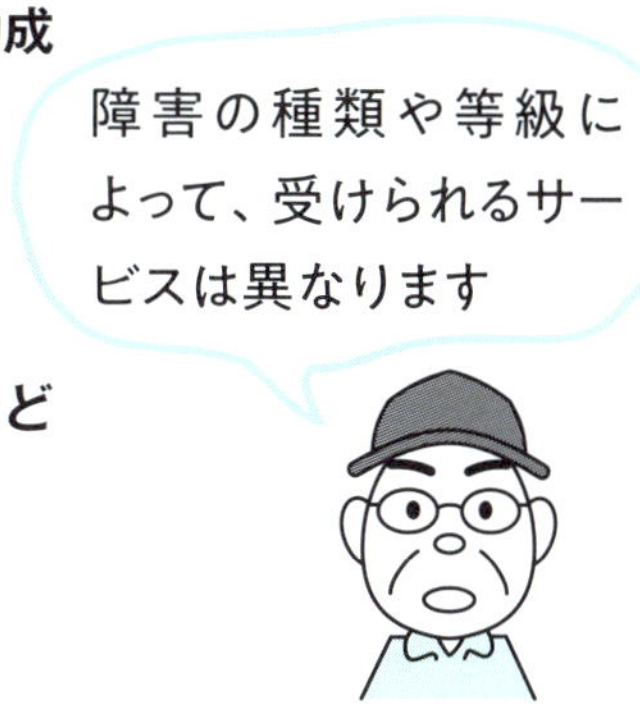
障害の種類や等級によって、受けられるサービスは異なります

財産管理に関する制度①

任意後見と進め方

将来に備えて早めに検討する

認知症が進むと、買い物をはじめとする金銭の扱いが難しくなります。銀行での預金の引き出しができなくなったり、まちがってしまうことも増えます。金銭や財産に関わるトラブルを防ぎ、認知症の人とその家族を守るために活用したいのが、成年後見制度です。

成年後見制度には大きく分けて2種類あり、①判断能力がかなり衰えている人を後見する「法定後見制度」、②まだ判断能力が衰えていない人が将来のために後見人と契約する「任意後見制度」です。

成年後見制度は、介護保険制度と同時にスタートして、もう20年以上が経過しています。その間の動向を見ていると、**事前に備える任意後見制度を利用する人は少なく、大半**

は法定後見制度が利用されています。

症状が進む前に、任意後見制度を利用することを強くおすすめします。じつは、法定後見制度にはトラブルの火種が隠れているという理由もあるのですが、それは次のページ以降で説明します。

家族会議では、「誰が介護する」「費用の分担をどうする」などの話でもちきりになってしまいがちですが、ここまで説明してきたように認知症の人は将来、後見人が必要になることはほぼ確実です。財産に関わる話でトラブルを避けるために、ぜひ検討してください。

任意後見制度の概要は、下図のとおりです。

任意後見制度の流れ

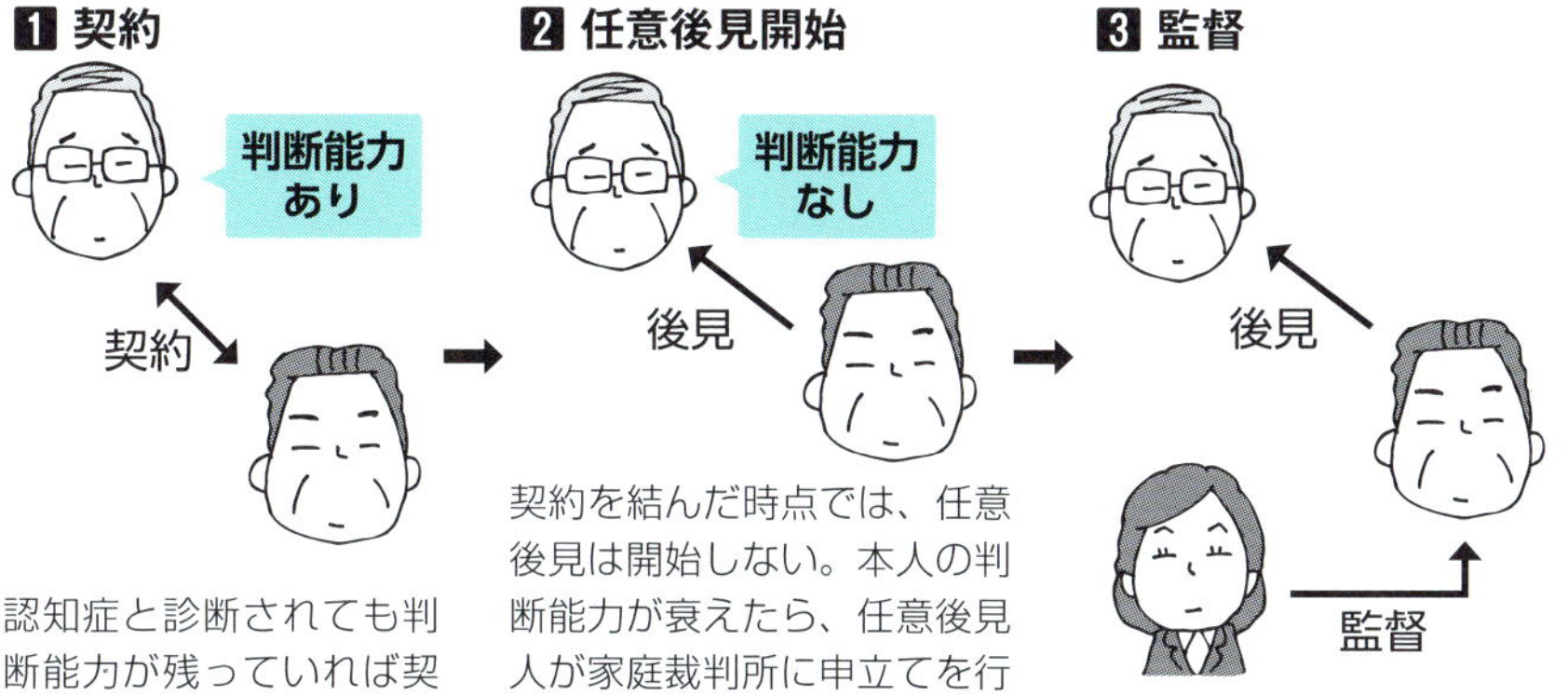

認知症と診断されても判断能力が残っていれば契約可能。契約は公正証書で取り交わす。配偶者や家族（四親等内の親族）が契約できる。

契約を結んだ時点では、任意後見は開始しない。本人の判断能力が衰えたら、任意後見人が家庭裁判所に申立てを行い、「任意後見監督人」を選出してもらう。なお、後見人への報酬は本人との契約で決められる。

監督人は任意後見人がお金の管理などをきちんと行っているかどうかをチェックする。

財産管理に関する制度②
法定後見と進め方

法定後見に隠れた問題点

大前提として、法定後見制度を利用する際は、家族会議を開くか、キーパーソンから全員にしっかりとした説明をする必要があります。なぜなら、**法定後見の開始は家族全員の同意がなくても申立てができる**からです。本人または家族の誰かが（善意であっても）勝手に話を進めた場合、トラブルに発展しかねません。

法定後見制度は、認知症の進行によって判断能力が衰えた本人またはその家族による申立てからはじまります。法定後見には、判断能力の程度により「補助」「保佐」「成年後見」の3種類があります。申立書の記載方法や必要書類については、地域包括支援センターなどに教えてもらいましょう。

申立先は家庭裁判所で、医師の診断書の精査や本人への面接、親族への確認など、いろいろと調査が行われます。その結果、補助人または保佐人、あるいは後見人が選ばれます。

補助人と保佐人は、申立人がそのまま選ばれることが多く、本人がする契約などの法律行為に対する同意権が与えられます。たとえば、不動産の売買契約などをする際には、補助人や保佐人は同席して話を進められます。

一方の後見人は、判断能力がない本人に代わって契約などの法律行為にあたることができます。そして**後見人は、家族以外の法律や福祉の専門家が選ばれることが多いため、判断能力のない本人の財産の管理について、家族が口を出せなくなる可能性もあります。**

法定後見制度のしくみ

つねに判断能力が欠けている	判断能力が著しく不十分	判断能力が不十分
↓	↓	↓
成年後見人	**保佐人**	**補助人**
すべての法律行為が行えます。	基本的に法律上に定められた重要な行為の同意権が付与されます。	申立ての範囲内で、家庭裁判所が定める法律行為を行えます。

財産管理に関する制度③

家族信託と進め方

メリットは手軽で利用しやすいこと

財産の管理だけに限った場合、とくに家族間の信頼が厚いのなら、最近は家族信託という制度も活用できます。たとえば、認知症になった人が子どもと信託契約を結び、財産の管理を託すケースです。信託契約を結ぶ本人を受益者、管理を任される人を受託者と呼びます。受託者は、受益者本人のために財産を使うことが契約に盛り込まれます。

この契約は、受益者の判断能力が十分にあるうちに結ぶ必要があります。任意後見制度や法定後見制度とくらべると、**申立てなどが不要で、公正証書による契約書があれば成立する**ことから、手軽な点で利用しやすいと考えられています。

家族信託の最大のメリットは、認知症が進んで意思決定ができなくなっても、銀行口座が凍結されたりしないことです。

デメリットはトラブルの火種になること

家族信託のデメリットは、大きく2つあります。

まず、受託者は受益者の**生活費や医療費などの日常的な出費をすべて記録し、それを帳簿につけたり、レシートを保存したりしなければならない**ため、負担が大きくなります。

また、受託者の判断で財産を処分したり、子どもが複数人いたりする場合に、「好き勝手をしている」といったクレームがつきかねません。対策としては、事前に家族会議を開くか、キーパーソンから全員への説明が必要です。

もちろん、契約に関することは、司法書士や弁護士など法律の専門家への事前の相談が必須で、その費用負担も考えておく必要があります。

家族信託のしくみ

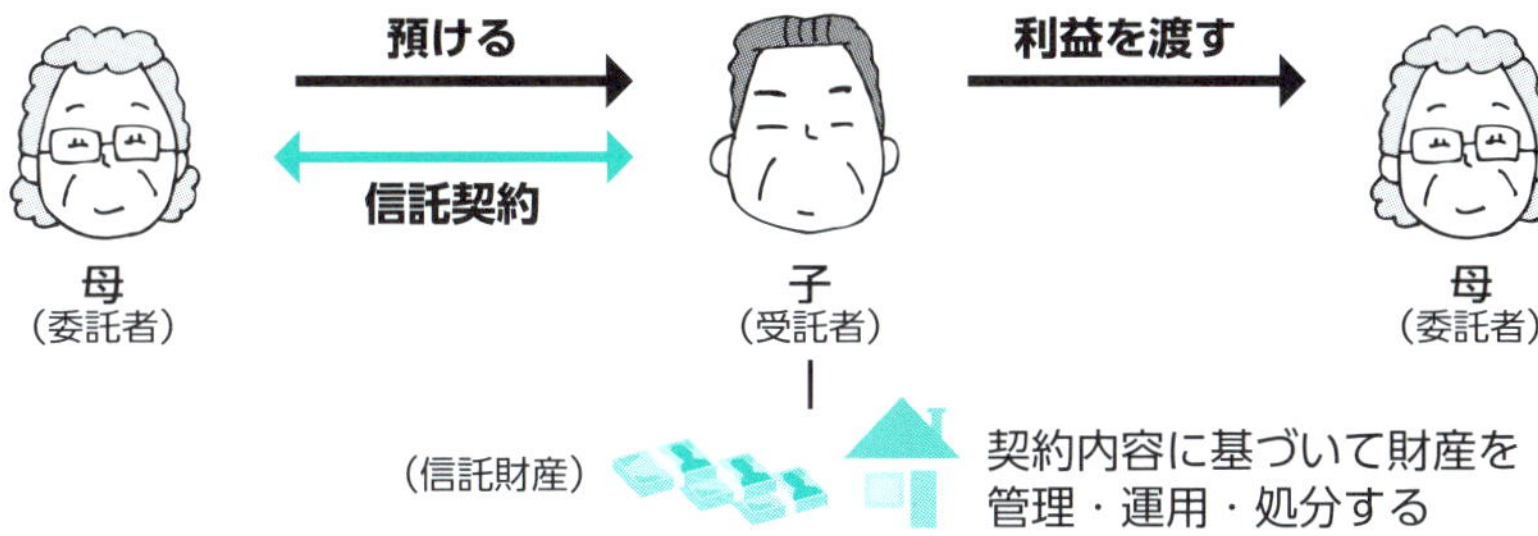

心構え

離れて暮らしていても介護に関わることはできる

誰かと言葉を交わす機会を用意する

ここでは、認知症になった家族と別居している場合の関わり方を紹介します。

軽度の認知症で判断能力もある場合は、**家族がひとり暮らしであっても、離れたままで介護していくことは可能です。** ただし、認知症の人には訪問介護が基本となることを伝え、その他の希望も聞いてから決めましょう。状況によっては、リフォームなどが必要となるかもしれません。

また、あなた自身の不安を解消するために、親の状態を把握できるサービスなどを利用しましょう。

まず、訪問介護を利用して、日々の経過報告をチェックしていきます。加えて、親の安否確認を確実に行うため、自治体の見守りや安否確認のサービスも活用しましょう。

サービスの利用を検討する場合は、家族が暮らしている場所の地域包括支援センターと相談します。定期的な訪問や声かけ、配食サービス、話し相手ボランティアなど複数を組み合わせて活用するのがよいでしょう。


毎日、誰かと会って言葉を交わす機会をつくることが大切です。

海外にいても介護サポートは受けられる

週末だけ帰省して介護を行う場合、交通費を抑える方法があります。

たとえば、航空会社によっては、事前登録すれば1路線に限って3~4割安くなる「介護割引」があることも。鉄道やバスの場合、遠距離介護の割引はありませんが、「早割」や年齢などの条件を満たすことで使える運賃割引があるので、活用しましょう。

もしも国外から家族の介護をしなくてはならないという場合は、「海を越えるケアの手（シーケア）」という組織などが、介護、看護の支援を行っています（有料）。とくに病院への入退院時のサポートなどは、こうしたサービスを利用すると安心でしょう。

次のページでは、遠隔地での介護（見守りなど）で使える便利なアイテムを紹介します。

遠隔地の介護で使える便利アイテム

遠く離れて暮らす親の安否確認で使えるグッズを紹介します。あくまで本人の負担にならないことを前提に選ぶべきで、使い方の難しいものは避けましょう。

スマートフォンのテレビ通話

パソコンだと設定などの難易度が上がります。ボタンひとつでテレビ電話ができるアプリなどが便利です。

ファックス

昔使っていたとか、現在も設置している場合は活用しましょう。メッセージを手で書いて送ること自体が、認知症患者にとって有効です。

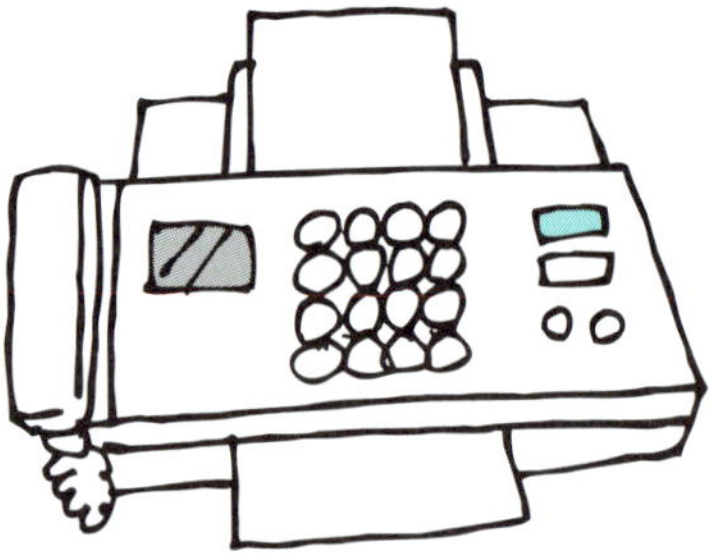

点灯や消灯したことを確認できる電球

その日の使用状況をメールなどで知らせる電気ポット

起き上がったこと、そこから降りたことをメールなどで知らせるベッドセンサーなど

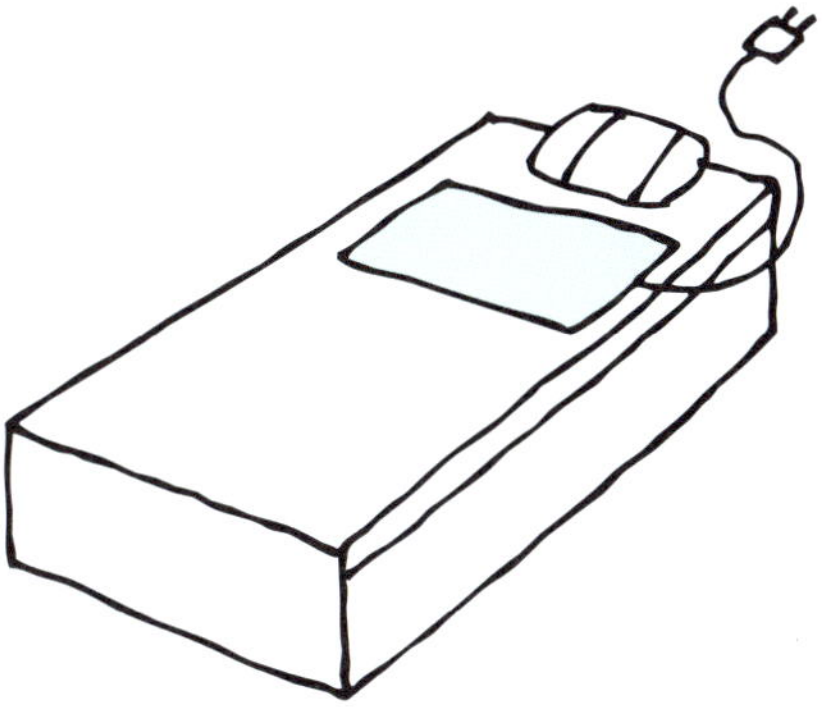

ドアの開閉があったことを知らせるセンサー

GPS発信機付きのキーホルダー

位置情報を知らせるGPSは、いろいろな機器に取り付けられているので、使い勝手の良いものを選びましょう。

見守り機能付きロボット

部屋置き型のカメラ

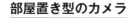

心構え

単身で介護する場合に無理をしないコツ

単身者は介護を任されがち

親の介護が必要になったとき、子ども（または兄弟）が複数人いても、独身者がキーパーソンに選ばれて、介護を主に担当するケースがよくあります。

これは、家庭のある人よりも独身者のほうが時間の余裕があることが多いため、選ばれやすいからです。

認知症が軽度のころは介護にかかる金銭的、また経済的な負担が少ないことから、引き受けてもすぐ問題になることはありません。ただ、**症状が進むと生活時間の大半が介護に費やされ、孤立感が強まります**。地域包括支援センターなどと相談し、訪問介護などの準備を進めていきましょう。

気をつけたいのは、独身者が介護にあたると、生計が親と一緒になってしまうことです。消耗品や光熱費などは、介護の費用なのか自分の生活費なのかはあいまいになりますが、実際に介護をしていない家族にはわかりません。なお、介護にかかる費用は確定申告をすれば還付金として戻ってくることもあります。ケアマネジャーに相談しましょう。

家族会議では、費用の援助が必要であることなども含めて、はっきり伝えましょう。

ひとりっ子シングルの介護

ひとりっ子で、なおかつ単身者であるケースはこれから増えていくでしょう。家族としての相談相手は認知症の人やその配偶者しかいませんので、判断能力があるうちに話し合いが必要です。また、**認知症の人に兄弟や親類がいるのかどうかを確認し、いるなら連絡をしておきましょう**。いざというとき頼ることになるかもしれません。

そして、近所の人たちにも認知症のことは伝えておきましょう。近所づきあいがなく面倒に思えても、外に出て話をしない限りはその苦労が伝わりません。ひとりっ子で単身者であるからこそ、使える人や制度をすべて活用し、自分の人生を最優先に考えるべきなのです。

介護疲れを癒すには

介護疲れをしないコツは「ひとりで抱え込まない」とよく言われ、実際にそのとおりですが、どうしても心が晴れない日が続くこともあります。
そんなときは、「介護に遊び心を持ち込むこと」を試してみるのはいかがでしょうか。

認知症の初期段階なら、一緒に出かけることができます。このとき、本人が好きな場所に連れていくのもよいのですが、あなた自身がやりたいことを一緒に体験してもらうのです。パチンコでもカラオケでも、山でも美術館でもストレス発散のために連れ出してみましょう。あなたが楽しんでいれば本人も気楽に楽しんでくれるかもしれません。

また、進行している段階でも「都合の悪いことは忘れてくれる」と考えれば、重い気分も少しは晴れるでしょう。しかりつけたりしなければ、本人に多少のグチをこぼしても「忘れてくれる」のです。

PART 5

進行にともなうシフトチェンジ

心構え

「介護離婚」を避けるため心得ておくべきこと

介護に関わらない家族に当事者意識を持たせる

親の介護は長男や長女が中心であるとか、長男の嫁は義理の親の面倒をみるものとか、昔ながらの考え方はいまだに残っています。認知症の人がそう考えているケースもあります。同居しているなどの状況からやむをえないかもしれませんが、**認知症が進めば、考え方を大きく変える必要があります。**

まず、認知症の人をサポートするのは、キーパーソンや長男・長女だけではありません。進行状況を知らせるなかで、主として介護にあたっていない家族へは「責任は全員が負っている」ことを伝えましょう。当事者意識を持ってもらう必要があるのです。

とくに「同居する長男の嫁」は、家事の延長のようにして介護を担うケースが多いでしょう。たとえ本人が気丈にふるまっていたとしても、家族は敬意と感謝を示し、つねに最大限の配慮が必要です。**仕事でもないのに他人の排泄の世話を好んでする人などいません。**

では、この場合の家族の役割とは何でしょうか。それはまず、介護の分担をすることです。入浴や排泄などは、積極的に引き受けましょう。

また、介護サービスを探すことや、その連絡や折衝も、相談しながら行います。ふだん介護に関わっていない人が勝手に決めると、不満をつのらせる原因となるので避けてください。

こうした相手を思いやる行動や姿勢が、介護離婚を回避する秘訣です。

介護をした義親の財産は相続できる？

在宅介護では、義理の親の介護に携わって最期を看取るケースは少なくありません。ところが、実子でなければ財産を相続できないため、後になってもめる原因となります。少なくとも、介護にかかる出費の記録を残し、家族間で話し合って負担してもらうのがよいでしょう。

介護にからむ相続問題を防ぐには、本人に「主として介護する人にいくら相続させる」と遺言で残してもらうのがベスト。ただし分配方法には注意が必要です。分配の比率で極端に差をつけると、やはりトラブルのもとになります。遺言に関して気になることがあれば、法律の専門家（弁護士や司法書士など）に相談しましょう。

心構え

施設介護に移行するタイミングを見極める

認知症の症状が進んだら施設介護へ

認知症の人は、いずれひとりで食事がとれなくなったり、家族の顔がわからなくなったり、妄想がひどくなったりします。そうなると在宅での介護は難しいため、施設介護へ移行することになります。**判断能力があるうちに、本人にどうしてもらいたいかの意向を確認する**のは大切ですが、いつ施設介護へ移行するかは、現実をふまえて判断しましょう。

はっきり言って、移行するタイミングは本人の意向や症状の進み具合だけでは決められません。たとえば、自分でトイレに行けなくなると、簡易トイレを使ったり、おむつを着けたりします。そうしたことで自尊心を傷つけられてもストレートに主張できず、排泄の問題を起こすかもしれません。

すると、**「介護する人の肉体的・精神的な負担がピークに達する直前」**の段階になります。これが施設介護に移行するよいタイミングといえます。

自宅で最期を迎えたいと希望する認知症の人はけっこういますが、進行した場合は、現実的に判断するべきです。

そもそも施設介護に移行することは認知症の人のためであり、「冷たい」とか「親を捨てた」わけではありません。むしろ、症状に適した施設で暮らせば本人が快適に思えることもあるでしょう。その結果、進行を遅らせたり、精神面を安定させられたりできるかもしれません。ずっと一緒に暮らし続けることが、必ずしも正しいとは限らないのです。

親が入りたがらないときにどう説得する？

認知症の人が施設に入るのを強硬に拒むのは、相応の理由があります。「捨てられると感じる」「お金がもったいない」「他人の世話になりたくない」などです。自分の意見をはっきりと主張しているうちは、強引に入所させるのはNG。「週に1回は必ず顔を見にいくから」「お金のことは心配いらないから」「専門知識がある人のほうが快適」など説得を試みるしかありません。難しければ地域包括支援センターに相談しましょう。

自分の意見を主張できない状態になっても、本人の好き嫌いや性格を考慮したうえで、「家の延長である」と感じてもらえるようにします。

老人ホームとは？介護保険施設を知っておく

認知症の人が入れる施設は5種類

認知症が進行し、在宅での介護が難しくなってきたら、施設介護に移行します。一般的に介護施設は「老人ホーム」と呼ばれますが、いくつかの種類があるため予備知識が必要です。

たとえば、**認知症の人が入所できる介護施設は、5種類**あります。このうち、公的な施設は2種類、民間の施設は3種類です。入れる条件が異なります。地域包括支援センターやケアマネジャーにカタログなどを用意してもらい、検討しましょう。

同じ種類の施設でも、運営団体や立地条件によってサービス内容や費用が大きく異なるので、体験入居や見学を行って確認することをおすすめします。

注意したいのは、認知症の進行によっては退去を求められる施設があることや、認知症を介護する外部スタッフとの契約が別に必要だったりすることです。面会の手続きが煩雑な施設もありますので、確認しておきましょう。

家族はどうしても費用とのバランスばかりが気になりますが、環境が大きく変わることは本人にとっては大きなストレスであり、しかもその施設が人生最後の住処となる可能性もあります。

必要なサービスが何か、どのような住環境が望ましいのかなどは、家族でしっかり話し合わなければなりません。

できれば症状が進む前に本人と話をしておきたいのですが、まだ元気だと思っている人は「老人ホーム」という言葉だけでショックを受けることもあります。「老人ホームには入りたくない」と言われたら、本人の話をよく聞いたうえで、ケアマネジャーや医師と相談しましょう。専門家の口添えがあれば納得してもらえるケースもあるので、自分たちで解決しようとしなくてOKです。

それぞれの施設については次のページで紹介します。

老人ホームの種類と特徴

「みんなの介護」WEBサイトより

種類		入居金（相場）	月額（相場）	自立	要支援1〜2	要介護1〜2	要介護3〜5	認知症	認知症重度	看取り	入居のしやすさ
民間施設	介護つき有料老人ホーム	0〜580万円	15.7〜28.6万円	△	△	○	◎	◎	◎	◎	○
民間施設	住宅型有料老人ホーム	0〜21万円	9.6〜16.3万円	△	○	◎	○	○	△	○	○
民間施設	サービス付き高齢者向け住宅	0〜20.4万円	11.8〜19.5万円	○	◎	◎	○	○	△	△	○
民間施設	グループホーム	0〜15.8万円	10〜14.3万円	×	△	○	○	◎	◎	△	△
民間施設	ケアハウス	0〜30万円	9.2〜13.1万円	○	○	△	△	△	×	×	△
公的施設	特別養護老人ホーム	なし	10〜14.4万円	×	×	×	◎	○	○	○	×
公的施設	介護老人保健施設	なし	8.8〜15.1万円	×	×	○	○	○	○	○	△
公的施設	介護療養型医療施設	なし	8.6〜15.5万円	×	×	○	○	○	○	◎	△

◎充実した対応　○受け入れ可　△施設によっては可　×受け入れ不可

公的な入居型介護施設

❶ 特別養護老人ホーム（特養）

対象となるのは、認知症や寝たきりなど、自力での生活が難しく、介助が必要な人。65歳以上で、要介護3以上。長期で入居していることもあり、なかなか空きが出ない。

入居一時金　なし
月額利用料　5～15万円

日常的に介護を必要としている人が対象なので、24時間対応で食事、入浴、排泄などの介助を行います。他にはリハビリやレクリエーションなども行われています。

❷ 介護療養型医療施設

医療ケアの必要な人を対象とした介護施設。病院内に併設されていることが多く、医師や看護師のケアが手厚い。ただ、2012年以降は新設が認められておらず、既存の施設が運営を続けている状態。競争率が高くなりがち。

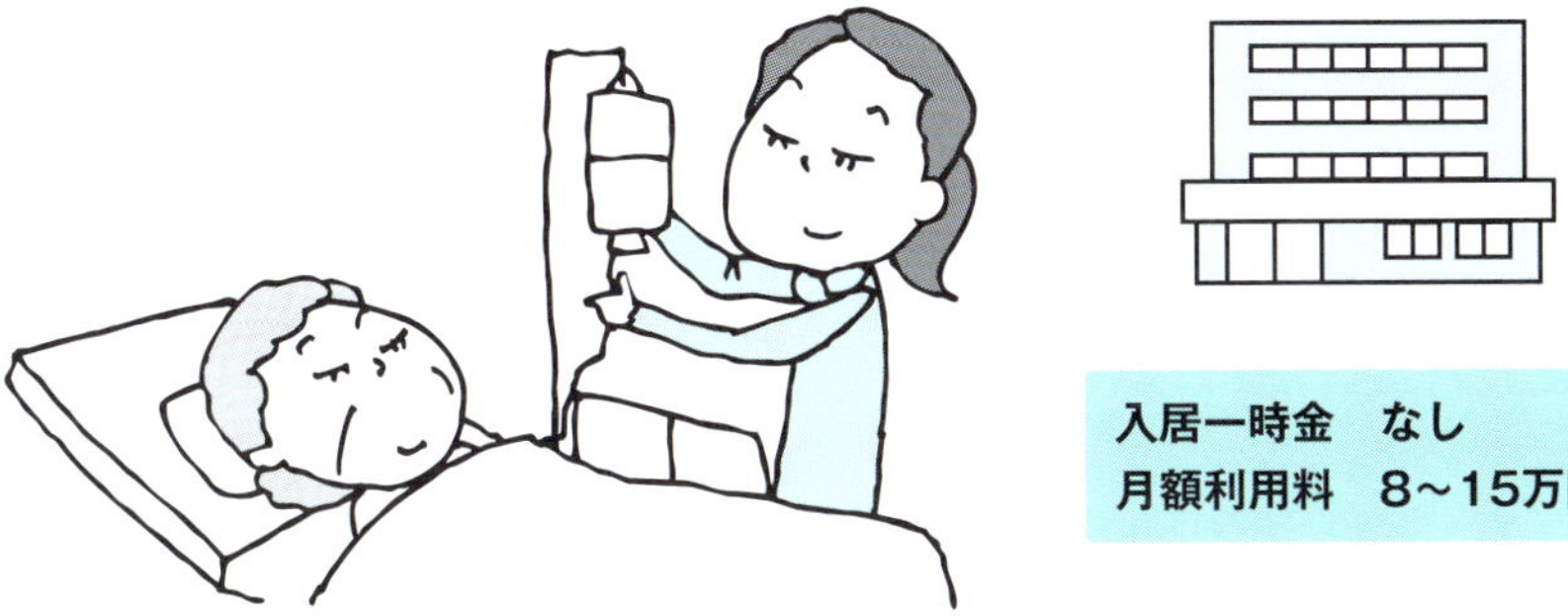

入居一時金　なし
月額利用料　8～15万円

身体の回復を目標としたリハビリが充実しており、施設の入居一時金がかからず、入所費が安いことが特徴です。人気が高いため、複数の介護療養型医療施設に数カ月前から利用申込みをすることで入所しやすくなります。

民間の入居型介護施設

❸　介護付き有料老人ホーム

サービスによっては認知症でも寝たきりでも入居可能。食事なども利用者の好みなどを取り入れてくれる。そのぶん、どうしても入居一時金や毎月の経費などは高めに設定される。

入居一時金　0～1億円
月額利用料　15～40万円

特養のように24時間体制の介護が受けられます。食事、排泄、入浴の介助、さらには医療スタッフが常駐していることも多く、病気などにも対応しています。

❹　サービス付き高齢者向け住宅（サ高住）

介護を必要とする人も入居可能だが、要介護３以下でなければならない。生活支援も受けられる。月額の費用は安いところから高額のところまで幅がある。

入居一時金　0～30万円
月額利用料　10～30万円

認知症対応のタイプでは見守りだけでなく食事や排泄などの介助も行っています。また、医療スタッフが常駐していることも多く、医療ケアも受けられます。

❺ グループホーム

認知症の高齢者であることが入居条件で、5～9人ほどのユニットで暮らし（2ユニットまで）、小さな集団での生活を営む。それぞれが料理などの役割を分担しながら暮らす。

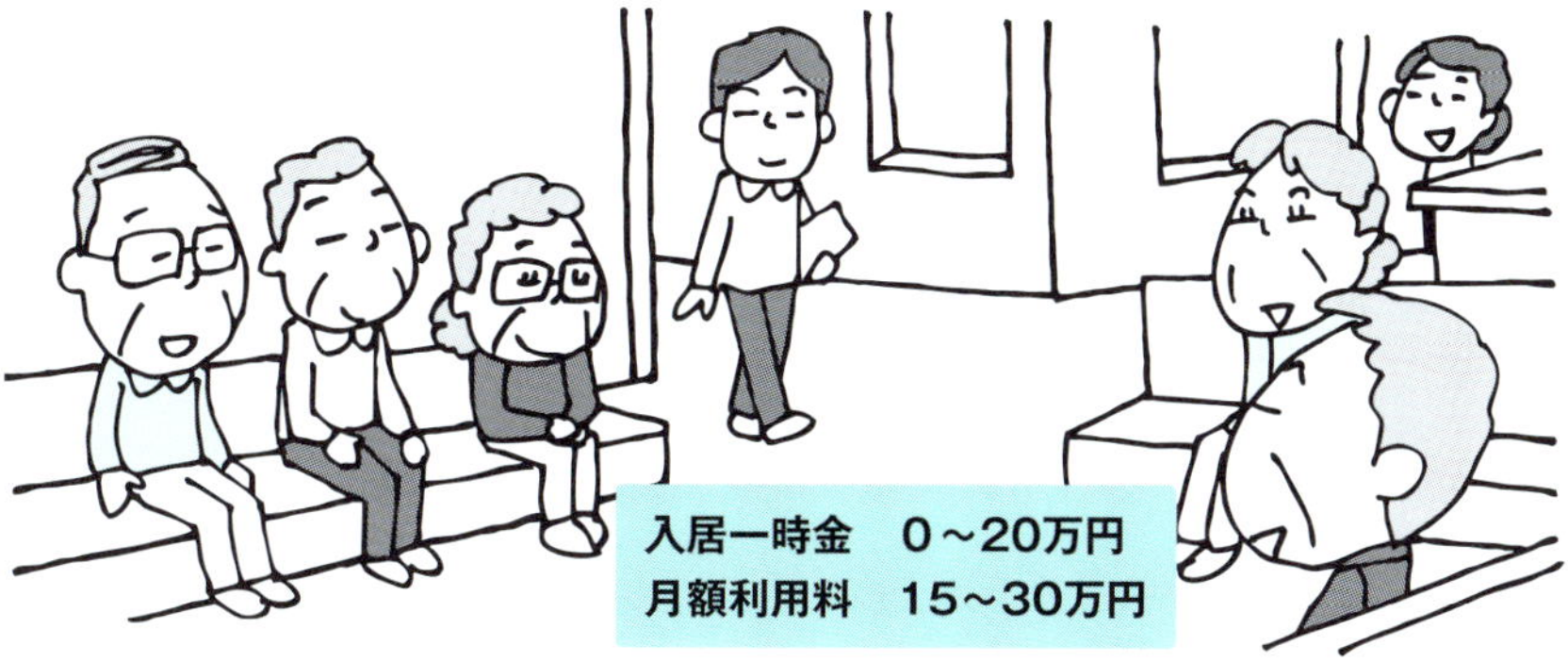
入居一時金　0～20万円
月額利用料　15～30万円

スタッフが常駐していて食事や排泄、入浴などの介助も行います。リハビリやレクリエーションに時間を費やすことも多いようです。施設によって住宅環境がかなり異なるので、何カ所かを候補にしておくのもいいでしょう。

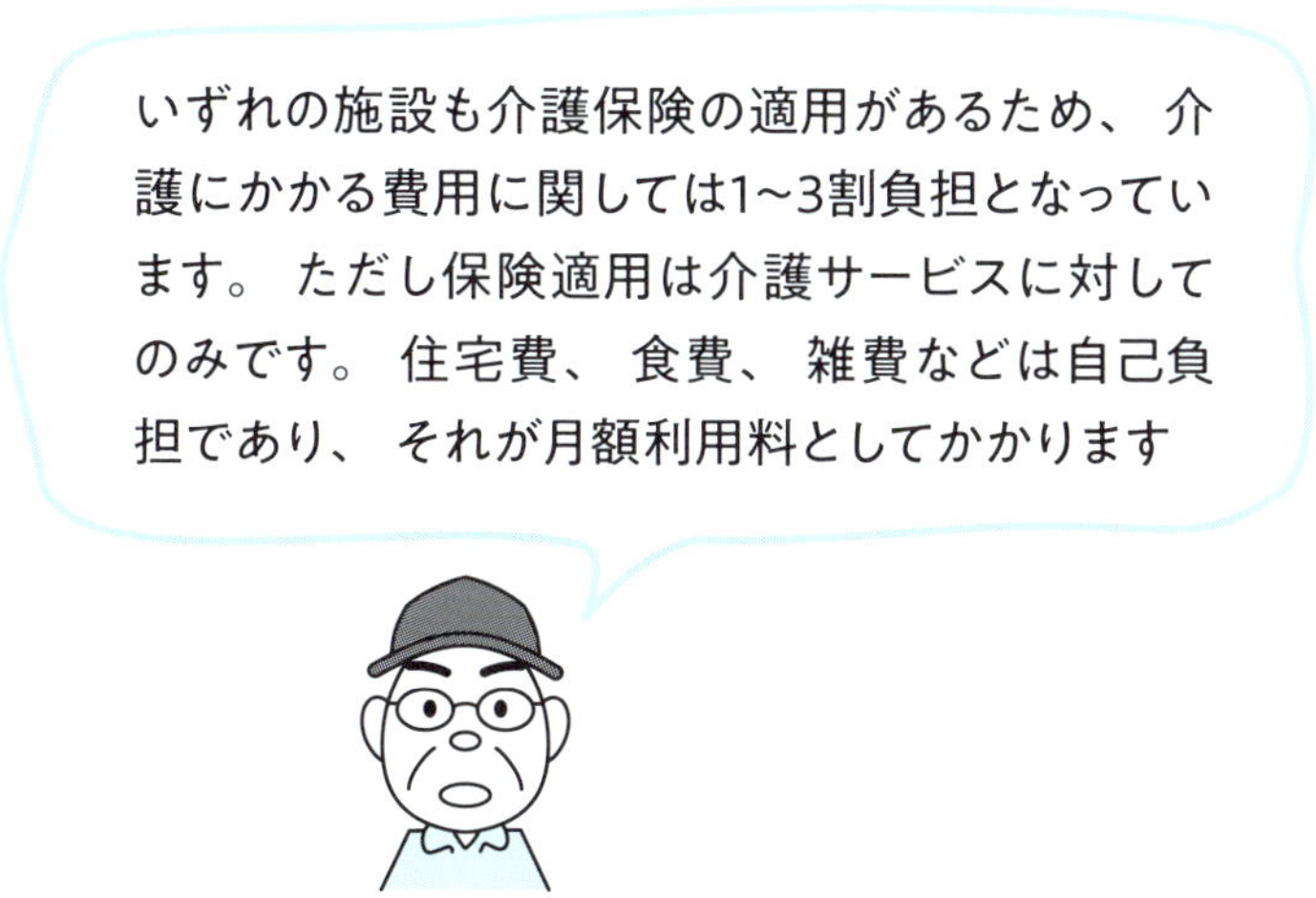
いずれの施設も介護保険の適用があるため、介護にかかる費用に関しては1～3割負担となっています。ただし保険適用は介護サービスに対してのみです。住宅費、食費、雑費などは自己負担であり、それが月額利用料としてかかります

施設介護がはじまったあと家族がやるべきこと

気分を前向きに切り替える

親を在宅で懸命に介護をしてきた人が、認知症の進行にともなって施設入居の手続きを進めるとき、「大切な家族を見放すのか……」とみずから思い込んでしまうことがあります。

これはまちがいです。素人なりに考え、周囲と協力し、専門家の力を借りながら、あなたはできることをやってきました。**施設介護になったら、認知症の人のためにも、プロに介護を任せるべき**なのです。そもそも、施設への入居は今生の別れではありませんし、あなたが後悔する必要は一切ないのです。

もしも介護に直接関わってこなかった家族が意見するようなら、あなたからこのことをはっきりと伝えて、異論を挟む余地をなくしておきます。

顔を合わせて把握してもらう

施設介護がはじまったばかりのころは、慣れないために家に帰りたがったり、施設内で騒ぎ立てたりすることもあるでしょう。一時的に認知機能が低下することもあります。

このとき、家族はできるだけ面会に行き、本人と顔を合わせて話をしましょう。とくに、直接関わらなかった家族には、ぜひ面会に行くよう強くすすめてください。

面会は、施設の暮らしの様子や、本人の状況などを家族の目で把握してもらう機会となります。親子で一緒に食事できる施設もありますので、そうした時間を大切に過ごしてもらいましょう。

合わないと感じたら90日以内に退所

お試しで入居して問題なくても、実際に住みはじめたら合わないケースはありえます。そんなときは我慢せず、退所することも考えましょう。まず「何が」合わないのかを確認する必要があります。本人からはっきり理由が聞けないかもしれませんので、スタッフにもたずねましょう。食事が合わない場合や利用者同士のソリが合わないケースは、変更の余地がないかを施設に相談しましょう。

なお、退所を決断する期限は、契約日から90日以内です。その日までなら、入居一時金はクーリングオフで返還されます（施設によっては返還されない場合もあります）。

施設に入った親の家を空き家にしない方法

家の売却も視野に

親が施設介護となって入居したら、介護をしていた部屋の片付けをします。そして、その家をどうするかを考えなければなりません。とくに、ひとり暮らしをしていた親の家がそのまま空き家になる場合は、ただちに手を打つ必要があります。

人が住んでいない家は劣化が激しいので、誰かが使わない限りは処分する方向で話を進めましょう。このことについての家族会議を行う場合、とくに注意したいのは、住む人がいないにもかかわらず、「思い出があるから」「親が生きているうちは」などの理由で、なんとなくそのままにしておくことです。これはおすすめできません。

誰も住もうとしない物件なのに、固定資産税がかかったり、メンテナンスの手間や費用

がかかったりするからです。

親の住んでいた家を勝手に売却することは、普通はできませんので、自治体や法律の専門家に相談する必要があります。そもそも誰の名義なのかを法務局で確認しましょう。

パート4で紹介した成年後見人がいるなら、家庭裁判所に申立てをして売却の許可を得ることも可能です。ただし**本人の財産ですので、売却した代金は本人のもの**になります。

後見制度を利用しておらず、それでも売却したいのであれば、まず、法定後見人の申立てからはじめましょう。

もし、家族信託契約が結ばれているなら、空き家の売却はスムーズに進むでしょう。売却益は介護施設でかかる費用などにあてられます。いずれにせよ、認知症の人の持ち家があるときは、元気なうちになんらかの手を打っておかなければならないのです。

空き家にかかる費用

（自治体が認定する特定空き家でない場合）

固定資産税

- 家屋の評価額×1.4%
（敷地面積200㎡以下）
- 土地の評価額×1/6×1.4%

維持管理費用

- 外壁の補修代
- 庭木の整備費
- シロアリ対策費　など

火災・地震保険料

都市計画税

※地域によって異なる

光熱費・水道代

認知症の人の手術は誰が判断する？

認知症の人が、別の病気にかかるなどして手術や治療の可能性が出てくると、難しい問題が起こります。

本来、医療行為を受けるかどうかを決めるのは、必ず本人でなければなりません。しかし、認知症が進むと、医師の説明を受けても判断できなくなってしまうのです。

ルールとしては、医師も家族も勝手に手術や治療を進めることができません。現実としては、家族が同意を求められることになります。リスクの高い手術が必要だったりすると、判断に困るでしょう。この場合は病院とよく話し合うしかありません。

認知症とわかった時点で、病気の治療などについては意思確認をしておきましょう。

おわりに

最後までお読みいただき、ありがとうございます。認知症という未知の病に直面するご家族にとって、少しでも支えとなり、役立つ情報を提供できたなら幸いです。

できるだけ具体的な事例を挙げて説明してきましたが、認知症は個々のケースによって異なるため、最適な対応は一概には言えません。ただ、家族の愛情と支援が患者にとって大きな力になることは確かです。

何よりも大切なのは、あなた自身の健康と幸福を守ることです。無理をせず、自治体や専門家を頼ることをためらわないでください。

この本がみなさんの心の支えとなり、認知症とともに歩む日々が、少しでも穏やかで充実したものとなることを心から願っています。

山村基毅

■著者紹介
山村 基毅（やまむら・もとき）
1960（昭和35）年生まれ。北海道苫小牧市出身。獨協大学外国語学部卒業。ルポライター。著書に『認知症とともに生きる』（幻冬舎）、『ルポ 介護独身』（新潮新書）、『民謡酒場という青春』（ヤマハミュージックメディア）、『戦争拒否 11人の日本人』（晶文社）などがある。

■スタッフ
編集・構成／造事務所
ブックデザイン・図版／山口竜太（造事務所）
イラスト／田中斉

大切な人が認知症になったら最初に読む本

発行日 2024年9月1日 初版第1刷発行
2025年4月15日 初版第2刷発行

著　者　山村　基毅
発行人　須永　礼
発行所　株式会社メディアパル
〒162-8710
東京都新宿区東五軒町6-24
TEL. 03-5261-1171　FAX. 03-3235-4645

印刷・製本　中央精版印刷株式会社

ISBN978-4-8021-1084-6 C0077